生活上色
随"遇"而教

嵇小堂 著

北方联合出版传媒(集团)股份有限公司
万卷出版公司

ⓒ 嵇小堂 2020

图书在版编目（CIP）数据

生活上色 随"遇"而教 / 嵇小堂著. — 沈阳：
万卷出版公司，2020.11
ISBN 978-7-5470-5464-2

Ⅰ. ①生… Ⅱ. ①嵇… Ⅲ. ①中学化学课—教学研究
—高中 Ⅳ. ①G633.82

中国版本图书馆CIP数据核字（2020）第180408号

出版发行：北方联合出版传媒（集团）股份有限公司
　　　　　万卷出版公司
　　　　　（地址：沈阳市和平区十一纬路25号　邮编：110003）
印 刷 者：北京政采印刷服务有限公司
经 销 者：全国新华书店
幅面尺寸：170mm×240mm
字　　数：185千字
印　　张：10.25
出版时间：2022年6月第1版
印刷时间：2022年6月第1次印刷
责任编辑：赵新楠
责任校对：高　辉
装帧设计：刘　岩
ISBN 978-7-5470-5464-2
定　　价：45.00元
联系电话：024-23284090
传　　真：024-23284448

我为什么写这本书？

酷暑寒冬，春去秋来，匆匆二十多年，如白驹过隙。在这二十几年里，我的工作从一线高中化学教学到中学化学教学研究，之后再回高中化学教学一线。几次的工作变换，从起点出发，兜个圈，又回到起点。在这个过程中，有主观主动的求"变"，也有客观随"遇"而动的偶然。每一次的工作调动，变的不仅仅是工作岗位和工作性质，还有生活环境、心性视野的变化。这些变化让我对生活、对工作、对社会、对人生等在不同时期有着不同的理解和看法。工作闲暇时，我曾把自己的一些想法和感悟做了点点滴滴的文字记录。

偶尔翻看这些文字记录，既能清晰地回忆起过去的生活和工作中的点点滴滴，也让我时时反思过往经历的心性得失，让我更加理性、更加客观、更加实效地看待、思考、规划自己未来的生活与工作。

但有时总觉得这些点点滴滴的文字记录，零碎散落且杂乱无章，就思考着用根线作主题，将这些零散的点滴记录串起来，编成节、串成章、著成书。

写书，对于我而言，曾经是遥不可及的梦想，更别说写一本个人生活和工作心得体会的书了。今天我着手写这本书，不为别的，只为记录我的生活和工作，只为见证我生活和工作的小改变，只为我心中坚守的一个信念："一个积极的人生，应该是暮年时，当他回忆往事，不因虚度年华而悔恨，不因碌碌无为而羞愧。"因此，也就有了这本以介绍我个人生活、工作心路历程为主题的随笔——《生活上色 随"遇"而教》。

我写的这本《生活上色 随"遇"而教》不是权威性的学术著作，更不是

1

专业性的知识阐述，仅是我作为一名普通中学化学教师在生活和工作中的感悟；是我个人对生活及环境的理解和诠释，是我个人高中化学教学教研工作经历的记录和经验的总结。

给生活上色，是自己选颜料，描绘五彩斑斓的生活；是积极向上的人生态度。

随"遇"而教，是应时、应地、应人的因材施教，是在社会变革和发展中的与时俱进，是切合实际的教学方法、教学模式的探索与实践。

在本书的编写过程中，我查阅、引用、参考了国内一些专家、学者的著作或论文，在此，对所有文献的作者表示衷心的感谢。由于写作水平和时间有限，本书可能存在不妥和疏漏之处，如能批评指正，以助我今后加以更正，则不胜感激。

书中的点滴记录有偏激、有不当，那都是昨天的真实路；我期待的是脚下延伸的根，用不懈的努力，踏实前行；用诚挚的心，叩响希望。

嵇小堂

2019 年 11 月 9 日

目录

上篇　初入职门　随遇而"学"

下篇 深入其中 随"遇"而教 教而悟道

上篇

初入职门 随遇而「学」

　　初入职门，所见所闻，一切皆"新"，要适应、想进步，就必须随遇而"学"。学习"备课"、学习"上课"、学习"作业布置"、学习"作业批改"、学习"课后反思"……学后立论成文。

第 一 章

论 "备课"

在大学期间，我学习了很多所谓的备课方法和技巧。入职之初，按照大学所学的知识进行备课：课前，认真地研读教材，画重点、找难点；之后写教案、做练习。很多时候，一堂课的教案写完，洋洋洒洒近万字（怕课堂忘词，甚至把课堂上想说的每一句话都记写在教案中），但进入课堂后就发现费时两三个小时写出来的万字教案，45 分钟的一节课，就是照本宣科地将教案上所写的文字读一遍的时间都不够，更不用说课堂时间应该是以学生为主体进行合理科学的分配；再者，以所学理论做出的备课，其课前预设与课堂教学的实际生成往往难合拍；更有甚者，同一个课前准备的教案，在不同的班级其完成度、效果、节奏等，有时竟有天壤之别。

经过多年的高中化学教学工作实践，越发觉得：我所经历的就是 "践然后知不足，教然后知困"，正所谓 "知不足然后能自省，知困然后能自强"。"自省自强" 的最佳途径就是学习。学习的过程是自学与学他相结合，理论与实际相结合。自学学的是理论，学他做的是模仿，而实践是理论、模仿相结合的 "自我琢磨" 的过程。在这个学习过程中，将理论知识应用于实际教学中，方能真正悟出理论的精髓，有理论做支撑的实践，目标更明确，针对性更强。

长时间的学习与实践使我真正明白看似简单的 "备课" 太不简单了：备课不是简单地写教案，它是课前准备的方方面面；"备课" 备的是教学的 "内功"，是 "台上一分钟，台下十年功" 的积累，是展示教师自身职业素养的载体。

第一节　备"课标"和"教材"

高中化学学科的课前"备课"，首先备的是《高中化学课程标准》（以前称"教学大纲"）和教材。这个过程要了解的是课堂教学内容是什么、教学知识的深度和广度、教学知识的重点和难点有哪些。

高中化学教材所介绍的内容是根据教育部制定的《高中化学课程标准》，经过精选和浓缩的。教师在备课过程中，要根据《高中化学课程标准》对教学内容做精心的加工，必要时要扩展其内涵与外延；要将课堂所授化学学科内容与社会、自然、现实生活、工农业生产、思想品德、环境保护等方方面面有机融合，这样就能使课本知识生动有趣、有滋有味、有血有肉。而要做到这些，就要求我们教师平时要积累，要学习，关注时事热点、关注社会发展、关注学科发展前沿，多阅读、多记录、勤学习。同时要研究相同知识点在必修教材与选修教材中的深度和广度，并在备课时加以区别。例如，"化学反应速率"这一知识点，在人教版高中化学必修 2 中重点在于学习其概念、简单计算、影响因素等，而在选修 4 中侧重于了解如何利用"碰撞理论"解释外界条件对化学反应速率的影响。再如，甲烷、乙烯等知识在必修教材中侧重于对其化学性质和物理性质的通识了解；而在选修教材中则要有将物质分类（同系物）意识，理解同类物质结构相似其化学性质也相似的规律。

不同教学内容和教学知识点，在备课时的侧重点是有所不同的。

对于"元素化合物"知识的备课，要扩展其实际应用。

比如，备课"OCl_2"时，其化学性质在现实中的应用是利用强氧化性进行杀菌消毒，扩展到"$KMnO_4$""H_2O_2"等物质用于杀菌消毒也是利用其强氧化性的特点。

对于"化学基本概念、基本原理"等知识的备课，应尽可能详尽，尽可能从多维度去分析、去设计，多用比较的方法将它与学生熟知的内容进行对比教学。这部分内容中一些相对较抽象的知识，在课前备课时，教师要预设课堂上可能出现的种种"接受坎"及相应的应对策略。

比如，备课"热化学方程式"时，因为学生对化学反应方程式的书写已经非常熟悉，所以在进行此内容的备课时，就可以将普通的化学反应方程式与"热化学方程式"从各个方面进行比较：第一，普通化学反应方程式只表示了有关物质的变化，而"热化学方程式"既有物质的变化还有能量的变化；第二，普通的化学反应方程式不用标明物质的状态（因为反应物与生成物的状态不会影响反应的物质变化关系），而"热化学方程式"必须标明每一种物质的状态（同一种物质在不同的状态下，其焓值不同，发生化学反应后的能量变化自然不同）；第三，普通的化学反应方程式每种物质前的化学计量数必须是整数且不可再约分（因为它表示的是以"个"为单位的微观粒子的数目），而"热化学方程式"中每一种物质的计量数可以是分数（因为它表示的是以物质的量为单位的一个整体），且不同计量数，其$\triangle H$值不同。

对于"化学实验"的备课，首先思考实验的形式（课堂演示或学生分组），然后，既要考虑将教学知识落实到位，也要利用实验的特点，思考如何充分挖掘其趣味性，调动学生上课的积极性。

比如，备课"酸碱中和滴定"，首先要根据学校的实验条件确定究竟是教师课堂演示，还是学生分组实验。如果是教师课堂演示，可设计成教师边讲边演示，也可设计成教师讲解、学生操作。如果是学生分组实验，在确保学生全员参与的前提下，还可考虑如何增加其趣味性（如选择生活中更常见的酸碱指示剂，如"紫甘蓝"等）。

对于"有机化合物"的备课，重点要强调其结构与性质的关系，强调官能团对有机物化学性质起着决定性的作用，强调举一反三的类比推断。

比如，备课"葡萄糖"，相比之前所学的乙醇、乙醛、乙酸及乙酸乙酯等物质而言，葡萄糖的分子稍复杂一些，官能团也不是单一官能团，其分子中既有羟基，也有醛基，但即便是这样的多官能团，其性质却不复杂：既具有羟基所具有的性质（如与活泼金属反应生成氢气、与羧酸发生酯化反应等），又具有醛基所具有的性质（如银镜反应、与新制的氢氧化铜反应等）。

第二节 备"教法"

备课时要根据教学内容的特点、要求，依据学生的实际情况，选择合适的教学方法。

教学内容、学生已有的知识基础以及教师的教学风格及特长是选择教学方法要考虑的主要因素。教学方法很多，其作用、效果大不一样。不同的教学内容，其教学方法肯定不同，即便是同一教学内容，针对不同的学生所采用的教学方法也不尽相同。

对于"元素化合物"的备课，物质的性质（尤其是物理性质）选择较多的教学方法是实物展示法：正所谓"眼见为实"，将实物展示给学生，物质的颜色、状态、气味等就一目了然了。例如，在进行金属钠、硝酸、硫酸、氯气、乙醇、乙酸、葡萄糖等物质的物理性质教学时，实物展示的效果是非常好的。对物质的化学性质的教学，在条件允许的时候，选择"实验法"是效果最好的。例如，金属钠（或钾）与氧气或者水的反应，实验现象明显。对于一些不常见的物质，则采用"类比、推理"的方法较为合理。例如，对三氧化硫的化学性质的教学，根据它是一种典型的酸性氧化物，可推断三氧化硫可以和水、碱、碱性氧化物等反应。

对于"化学基本概念、基本原理"的备课，这些内容的描述用的是学科专业术语，这些文字相对而言较为书面化，较为抽象、难记、难懂，在选择教学方法时多考虑采用"分解详析""比喻比拟""对比归纳"等方法，将这些书面语言通俗化、白话化，则能将深奥的学科理论知识变得通俗易懂、生动有趣。比如，在中学化学中，有很多量器（如量筒、滴定管、容量瓶、移液管等）在读取其中量取液体的用量时，要求眼睛视线与液体的凹液面最低点相切，一旦视线偏离凹液面最低点，则会导致读数偏大或偏小，其中究竟是仰视偏大还是俯视偏大，就要求学生必须能够画出量器读数的示意图（见下图），这样记忆的难度就比较大了。

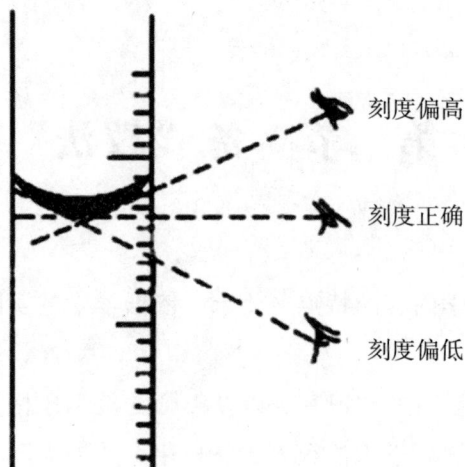

不同角度读取量器刻度情况

但这么难记忆的知识点，一句简单的俗语"狗眼看人低"就包含了其中的科学道理："狗"比"人"低，"狗"眼看"人"，自然是仰视，仰视则把人看低，将此道理类比迁移至读取量器内液体用量时，自然就是仰视刻度偏低，反之，俯视则偏高。当然还必须强调的是，此处的"偏低"与"偏高"只是刻度的"偏低"或"偏高"，至于读数是"偏小"或"偏大"还要看量器的"零刻度"在上还是在下（如滴定管、移液管的零刻度在上，量筒的则在下）。再比如，"化学平衡移动原理（勒夏特列原理）"在人教版高中化学选修4上的描述为："如果改变影响平衡的条件之一（如温度、压强，以及参加化学反应的物质的浓度），平衡将向着能够减弱这种改变的方向移动，这就是著名的勒夏特列原理。"这段话诠释的是处于化学平衡状态的可逆反应，在改变反应体系的外界条件时，化学平衡移动方向的判断方法。如此深奥、冗长的描述，用简单通俗的白话描述就是"唱反调"。若再延伸至"化学平衡移动的程度"就可以白话为：化学平衡移动的方向是"唱反调"，化学平衡移动程度是"不彻底"。详细分析即处于化学平衡状态的可逆反应，若增大其中某反应物的浓度，化学平衡朝正方向移动，移动的结果就是使该反应物的浓度降低（化学平衡移动方向是"唱反调"），但达到新的平衡状态时，该反应物的浓度虽有所减小，但不会恢复到原平衡状态时的浓度（移动结果"不彻底"）；若再升高反应体系温度，平衡向吸热方向移动，化学平衡移动的结果会使反应体系的温度降低（"唱反

6

调"），但新平衡状态时反应体系的温度不会恢复到原平衡状态（"不彻底"）；以此类推，改变其他条件（如压强等），其化学平衡移动方向也是"唱反调"，化学平衡移动程度是"不彻底"。

对于"化学实验"的备课，考虑教学方法时应根据实验内容、学校的实验条件、实验的难易等选择不同的方法：可以是教师课堂演示，也可以是学生分组实验，万不得已还可以采用观看视频（一般是有毒有害物质的验证实验，或者反应条件非常苛刻的实验，以至于一般学校的实验室难以满足实验所需的条件等）。而同样是教师演示实验法，不同的实验内容，其方法也不尽相同：可以是教师一边讲解一边演示，也可以是教师讲解、学生代表操作。

总而言之，教学有法但教无定法，适当的教学方法可以达到事半功倍的教学效果。一个合格的教师，经过长时间的实践与摸索，定能形成个人独特的教学风格，也能根据不同教学内容和学生的实际情况采用合适的教学方法。

第三节　备"学生"

我国现阶段的教学模式基本上是以班级为单位的课堂教学，主要针对的是一个个的学生集体。在一个集体中，学生的个体差异会比较大，课堂教学时虽说难以做到完全的因材施教，但在备课时，还是要考虑尽可能照顾绝大多数学生。这就要求我们教师备课时，对于基础不同的学生，设计不同的教学情境（尤其是在设置课堂反馈练习时），使各类学生都有表现和发展的机会。

比如，在进行"燃烧热"（人教版高中化学选修 4 第一章第二节）的课堂教学时，设计的课堂反馈题中有 4 个设问，如下：

（1）在 25℃、101kPa 时，H_2 在 1.00mol O_2 中完全燃烧生成 2.00mol H_2O，放出 571.6kJ 的热量。H_2 的燃烧热为_____。

（2）已知：CH_4 的燃烧热是 $\Delta H = -890kJ \cdot mol^{-1}$，2g H_2 和 2mol CH_4 组成的混合气体完全燃烧放出的热量为_____。

（3）现有 H_2 和 CH_4 的混合气体 4mol，完全燃烧时放出热量 2923.2kJ，则混合气体中 H_2 和 CH_4 的体积比为_____。

（4）H_2 和 CH_4 混合气体 112L（标准状况下）完全燃烧生成 CO_2 和液态水时放出的热量为 3695kJ，则混合气体中 H_2 和 CH_4 的体积比为_____。

这 4 个设问中，第一个属于基本要求，是全体学生必须掌握的，一般课堂提问时可以请基础较差的学生作答；第二、三个略带智能性，可以让中层次的学生作答；第四个属于拔高要求的问题，一般请中上层的学生示范解答。这种设计，问题与人对应，教师在备课时就要做到心中有数。这样既能让每个层次的学生都有表现且能表现的机会，又可以使课堂教学顺利开展下去。

在这个备"学生"的过程中，教师需要把时间和心思花在学生身上，了解学生已有知识的现状，预估他们在课堂上可能的表现，设计在课堂上如何引导他们达到我们需要他们达到的状态。要做到准确地预测学生的课堂表现，就要求我们教师将学生平时的课堂作答情况、作业完成情况、考试成绩等做好详细的记录，并依此将学生分类标记，这样就能在课堂上准确地依据设问的难度找到对应的学生作答。

第四节　备"板书"

高质量的课堂板书应该是课堂教学内容的精华和教学过程展示的浓缩，是学生学习知识的视觉载体。教师在备课时需要根据教室里黑板的大小对板书进行精心设计，力求布局合理、图文并茂、简洁明了。

但随着现代教育技术的不断进步和发展，绝大多数教师在课堂教学中会使用多媒体辅助教学，如在课堂上将 PPT 课件投影至投影仪上进行展示。很多时候，教师在教学时忙于在传统的"粉笔＋黑板"的板书与投影仪之间切换，此时，学生的注意力也得在黑板与投影仪之间不断地交叉转移，甚是不便；如果不在黑板上进行传统的板书，只利用投影仪播放 PPT 课件，课堂教学过程就像放电影一样，播后不留痕，就没有传统的视觉回看；只用传统的"粉笔＋黑板"，又难以充分发挥现代教育技术给课堂教学带来的便利。我有一种方法是将PPT幻灯片一分为二，左侧三分之一（大小可依据课堂教学内容进行调整）展示教学主干知识的归纳总结（类似于传统的板书），右侧三分之二则随课堂教学进程不断更改，这种设计，将传统的"粉笔＋黑板"的板书，嵌入上课课件的PPT之中。这样设计可以较好地解决上述矛盾。比如，我在人教版高中化学必修1第一章第一节《分散系及其分类》一课的课堂教学共有13张PPT，选取其中的4张如下：

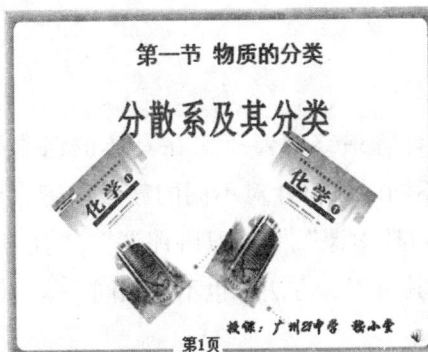

《分散系及其分类》PPT截图

备课过程中，除了备"课标"、备"教材"、备"教法"、备"学生"、备"板书"，还要备"反馈练习"、备"教具"等，这些在后续内容中再进行详细的阐述。

第二章

论"上课"

教师课前"备课"时的所想、所设计等最终都要落实在具体的课堂教学中，在实际的高中化学课堂教学中，在不同时段、针对不同的教学内容，可将课堂教学分为几种不同的类型，有"新知教学课""练习讲评课""复习课""实验课"等。而不同类型的课堂教学，其过程、方法等也不尽相同。

第一节　新知教学课

对于新知识的课堂教学，一般分为五个阶段：引课、新知教学、课堂反馈、课堂小结、作业布置。

一、"引课"环节

高中化学课堂教学中，在"引课"环节，根据不同的教学内容和教学知识点，可选用不同的引课方式：有"情境引课""问题引课""情境问题引课（将'情境'与'问题'结合)""复习引课""直入主题""实验引课"等方法。

比如，在人教版高中化学必修2《乙烯》的课堂教学中，我采用的是"问题引课"法，提出思考问题：从市场上买来的半生不熟的香蕉，只要用塑料袋包扎密封，放置一两天后就能变熟，这是为什么？如果买回的是已经熟透的水果，只要用棉签蘸取少量高锰酸钾溶液与水果一起包扎密封于塑料袋内，就可以防止水果过早地熟烂，这又是为什么？这种提出问题的引课，一是可以预示本节课的教学内容；二是让学生带着问题上课，其目的性强，学习效果比较好；三是通过课堂学习，最终学生解决了引课时提出的问题，学生的学习成就感强。

再比如，在人教版高中化学选修 5《卤代烃》的教学中，我结合当时我所在市发生的一件交通运输的意外事件，采用"情境问题引课"的方法进行课堂引课：上周，在我市广昌县境内的 206 国道，一辆货车因故翻车，导致车内满载的氯乙烷全部流入路旁的抚河内。在接到报警后，为了减少氯乙烷对下游抚河水的污染，相关部门在翻车点直至下游一公里处撒入大量的石灰，这是什么原因？这种"情境问题引课"，将学生身边发生的事作为"情境"引入课堂，激发他们的学习兴趣；"情境"中"提问"则是让学生带着问题进入"新知"的学习，让他们学习的目的性强，最终通过课堂学习，解决了"情境"中的"提问"，也培养了学生用课本知识解决实际问题的能力，培养了他们"学以致用"的意识。

在情境的创设中，常用的情境来源一般包括利用生活中的事例创设情境、利用电影电视桥段创设情境、利用化学实验创设情境、利用思维困境创设情境等。

有些新课的教学还可通过"复习提问"的方式引课，既能复习已学知识，还能使新旧知识衔接过渡自然。

比如，在人教版高中化学选修 4 第一章第三节《反应热的计算》这节课的引课中，我这样复习提问：下列数据中，$\triangle H_1$ 是 H_2 的燃烧热吗？（前一节课的教学内容为"燃烧热"）① H_2（g）+ $1/2O_2$（g）= H_2O（g）$\triangle H_1$ = $-241.8kJ/mol$，在学生思考回答之后，接着提问：已知② H_2O（g）= H_2O（l）$\triangle H_2$ = $-44kJ/mol$。那么，H_2 的燃烧热到底是多少？这样设问就引出了新课的内容。

高中学生，在思维方式、认知水平上接近或已经达到成年人的标准，所以，有的新知授课的引课中，也可以直入主题。例如，在人教版高中化学必修 1 第四章第四节《硫酸》的教学中，通过展示硫酸的样品，直接进入硫酸物理性质的教学。

有些新知内容的课堂教学，可采用"演示实验"（可以是教材中的实验，也可以是教材外的趣味实验）的方法进行引课。比如，全日制普通高级中学教科书化学（必修）第一册（2002年版）第四章第二节《卤族元素》（第1课时）的课堂教学中，我这样引课：演示实验——滴水见烟，提问并引出新课，即 ①大家看到什么现象？（看到的实验现象是：在碘单质与锌粉混合物中滴水后产生紫色的烟）②为什么会产生这种现象？（引出新课，课尾解释：反应原理是碘单质与锌粉混合物在水的催化作用下，发生化学反应生成碘化锌，并放出大量的热，碘单质遇热升华成紫色的碘蒸汽；化学反应方程式为 $I_2 + Zn \xrightarrow{\text{水}} ZnI_2$）这样的引课方式，利用有趣且明显的实验现象调动学生的学习积极性，之后根据实验现象提出问题，激发学生的探知欲望。

二、"新知教学"环节

"新知教学"是课堂教学的主要环节，在时间分配上，应该占整个课堂教学时间的50%以上。在这一环节上，教师既要将备课时设计好的教学方案落实到位，又要随时关注学生的学习状况和认知情况，并根据学生在课堂中的实际表现，不断地调整自己的教学方法和教学策略，以求圆满完成课前预设的教学任务。

"新知教学"过程中，涉及的问题比较多，归纳起来包括以下几个方面：如何突出教学重点，如何突破教学难点，如何进行课堂提问，如何处理课堂预设与生成间的矛盾，如何有效地利用各种教学方法，如何调动学生的学习积极性等。这些问题不是孤立的，是有机统一体。

高中化学教学中，不同的教学内容，其教学重点和教学难点不同，选用的突出重点、突破难点的教学方法也不同。

在"元素化合物"部分，教学重点内容是元素的单质或化合物的化学性质，难点一般在其化学性质中的特性以及理解元素在周期表中位置、物质结构、物质性质三者间的关系。突出重点的方法使用较多的是实验法，突破难点使用较多的是实验法和对比法等。比如，在人教版高中化学必修1第四章第三节《硫和氮的氧化物》中关于硫酸的课堂教学中，教学的重点是浓硫酸的化学性质：吸水性、脱水性、强氧化性等。要突出这一重点，最有效的方法就是课堂演示实验。突破浓硫酸的强氧化性这一教学难点的方法是在演示浓硫酸与单质铜反应实验后，再从反应条件、反应现象以及反应产物等方面，比较稀硫酸与单质铜、单质铁（或锌）的反应。

在"化学基本概念"部分，教学重点内容包括反映物质结构的概念（如分子、离子、化学键等）、常用化学用语（如分子式、电子式、结构式、化学反应方程式、热化学方程式等）、与化学计量有关的概念（如物质的量、阿伏伽德罗常数等）、反映物质变化的概念（如离子反应、氧化还原反应等）。突出教学重点的方法多采用比较辨析法、教师示范法、学生强化练习法等。例如，在人教版高中化学必修2第一章第三节《化学键》中的"电子式"教学中，在引出"电子式"的概念后，教师分类举例说明（分类包括原子、离子、双原子单质、双原子化合物、三原子化合物、离子化合物等），之后再设置练习，让学生模仿书写，强化他们的记忆。

在"化学基本理论"部分，教学重点内容包括物质结构、元素周期律、化学平衡、电解质溶液等。这些内容揭示了元素间的内在联系和变化规律及化学反应原理，相对比较抽象，其教学重点内容也是教学的难点所在。突破难点的方法较多采用实物模型法、虚拟模拟法、形象比拟法等。

在"新知教学"过程中，对学生进行提问是课堂中师生交流互动的主要形式，是调动学生学习积极性的有效方法。通过课堂提问可以启发学生的思维，激发学生的求知欲，引导他们探究新知；同时，教师也可以根据学生的回答情况获得教学反馈信息，更好地掌控教学进程。

在设计课堂提问时，教师应该遵循以下四项基本原则：

第一，要有明确的目的性。课堂提问应具有明确的目的，切忌盲目且无准备的提问，也不是提问越多越好。提问要围绕教学重点和难点，有计划有层次地逐渐深入，以求达到教学目标。比如，在人教版高中化学必修1第一章第一节《化学实验基本方法》中与蒸发相关内容的教学，教师展示蒸发装置后（可以是实物也可以是装置示意图）提问：①玻璃棒的作用是什么？②何时停止加热？这样的提问简洁明了，目的性非常强：围绕蒸发的操作进行提问，设问的难度适中且有递进。

第二，要有针对性。课堂提问要针对教学实际及某些具体的教学内容或教学任务，如易误解或易混淆的概念；课堂提问还要注意针对不同层次的学生设置不同难度的问题。比如，在人教版高中化学必修2第三章第一节《最简单的有机物——甲烷》中关于烷烃的教学中，引入了同系物和同分异构体后进行提问。有下列各组物质：①O_2和O_3；②^{12}C和^{14}C；③C_2H_6和C_3H_8；④CH_3CH

（CH₃）CH（CH₃）CH₃ 和（CH₃）₃CCH₂CH₃。①互为同位素的是_____。②互为同素异形体的是_____。③同属于烷烃的是_____。④互为同分异构体的是_____。⑤互为同系物的是_____。这样的课堂提问就是针对易混淆的几个概念开展的。

第三，要有激励性。这样能激发学生的学习兴趣和讨论，促进学生求异思维的发展。设问的难度要适中才能激励学生：难度大，学生难于回答，会压抑学生的积极性；难度太小，学生难有满足感。比如，在人教版高中化学选修4第四章第三节《电解池》的教学中，完成电解池的实验演示后，进行电解原理分析时，我设置以下提问：①通电前 $CuCl_2$ 溶液中有哪些离子？如何运动？②通电后阴、阳离子的运动有改变吗？怎么改变？③当离子定向移动到电极表面时，发生什么反应？写出两电极反应和总的化学方程式。这样的提问，根据电解池实验，围绕电解原理，引导学生分析思考，层层递进，问题难度不断加深，可满足不同层次学生的思考需求。

第四，要有启发性。课堂提问要能启迪学生的思维，设问时要创设符合教学内容的学习情境，使学生的思维处于激发状态，使他们能主动地去思考问题、分析问题，通过个例寻找共性，由个别到一般或由一般推测个例，由表及里，由此及彼，层层深入，使认知升华，这样就能发挥学生在学习上的主观能动性。比如，在人教版高中化学必修2第二章第二节《化学能与电能》中关于化学反应限度的教学中，分析化学平衡的建立时，我设置这样的问题：在一个体积固定的密闭容器中，投入 $1mol \cdot L^{-1}$ 的 N_2 和 $3mol \cdot L^{-1}$ 的 H_2，发生可逆反应（$N_2 + 3H_2 \xrightarrow{\text{高温高压}} 2NH_3$），容器内的变化过程为（在横线上填写变化情况）：

反应开始时 $\begin{cases} c（反应物）\underline{\quad 最大 \quad} \rightarrow V（正）\underline{\qquad}, \\ c（生成物）\underline{\qquad} \rightarrow V（逆）\underline{\qquad}, \end{cases}$

反应过程中 $\begin{cases} c（反应物）\underline{\qquad} \rightarrow V（正）\underline{\qquad}, \\ c（生成物）\underline{\qquad} \rightarrow V（逆）\underline{\qquad}, \end{cases}$

反应平衡时 $\begin{cases} c（反应物）\underline{\qquad} \rightarrow V（正）\underline{\qquad}, \\ c（生成物）\underline{\qquad} \rightarrow V（逆）\underline{\qquad}。 \end{cases}$

这样设置的提问，虽说是根据某一具体的反应进行分析，但学生很容易根据个例推而广之，易于启发学生的思维。

课堂提问目的是引导学生学习新知，调动学生积极思考，所以在这个环节中不仅要注重问题的设置，还要注重提问的技巧，以促使全体学生积极参与。首先，教师在提问时，应该先提出问题，留一段时间给学生进行思考，然后再点名让学生回答，切忌先点学生名再提出问题。这样，一是其他学生不会有紧张感，他们会认为"反正已点了某同学回答，我就不用思考了"；二是被点名回答问题的学生，没有时间思考就得作答，或者因被点名了而紧张以至于难以回答老师所问了。其次，课堂提问中，尽可能减少让学生齐声回答。很多时候，学生的齐声回答，看似效果很好，实际上得到的反馈信息是不准确的。教师在提问时应尽可能要求学生单独回答，这样更有针对性，教师所得到的反馈信息也更全面和准确。最后，课堂提问前，教师要预估学生的回答可能会出现哪些错误或问题，应该如何去引导和纠正。如果学生的作答出现离题或错误，教师不能跟随去做详细的解答，而要引导学生自己去思考而后纠正。

在新知的教学过程中，由于各种原因，可能会出现课前备课的"预设"与教学实际过程中出现的"生成"不一致的情况。若出现这种情况，教师千万不能为了完成教学进度，强行推着学生往前"赶"。强行往前"赶"，看似完成了教学进度，但带来的后患或后遗症却要费时费力地去解决。课堂教学中出现了"预设"与"生成"的矛盾，首先要快速地分析矛盾产生的原因：是教师讲课速度快了？是学生已知知识储备不足？是教学方法应用不得当？是学生课堂听课不认真？是知识的理解难度大了？是学生的知识结构不足或者有缺陷，导致思路受阻？……找准原因后对症下药，力求课堂产生的问题课堂解决。具体的探讨在后续内容中详加阐述。

三、"课堂反馈"环节

在"新知教学"环节完成之后，教师要设置一定的课堂反馈练习，用于检测课堂教学效果。在这个环节，教师要注意以下两个问题：

第一，教师设置的反馈练习要精练、典型，要有一定的针对性和一定的难度递度，要紧扣本节课的教学内容。比如，在人教版高中化学必修 1 第四章第四节《硝酸》一节课的教学中，我设置如下课堂反馈练习：在浓硝酸中放入铜片：①开始时反应的化学方程式为＿＿＿＿＿；②若铜有剩余，则反应将要结束时的化学方程式为＿＿＿＿＿；③若将 12.8 g 铜跟一定量的浓硝酸反应，铜消耗完时，共产生气体 5.6 L（标准状况），则所消耗的硝酸的物质的量是

_____。这道练习题开始是简单的化学方程式的书写，然后是根据条件判断所发生的化学反应，再写出化学反应方程式，进而是有关化学反应的计算，难度层层递进；涉及的知识点既包含了浓硝酸、稀硝酸分别与单质铜反应，还包含有化学反应的相关计算，具有一定的综合性。

第二，在学生完成"课堂反馈练习"后的处理上。如果学生作答正确，教师要及时表扬，以增强学生学习的信心和积极性。如果学生作答有偏差或者错误，时间允许的话，教师要再请学习能力稍强的学生作答，如能顺利完成，则表明教学效果在不同层次的学生中存在一定的差异；反之，说明课堂教学难度偏大，后续需进一步调整。

四、"课堂小结"环节

我认为，一堂完整的新知教学课，必须"有头有尾"，不仅要重视新课的导入、新知的教学，还要重视课的结尾——课堂小结。"课堂小结"不能仅限于新课内容的概括，还要为后续课程的教学做铺垫，以激发学生后续学习的兴趣。"课堂小结"应根据课堂教学内容和教学对象的不同采用不同的方法，一般而言，有以下几种常见的"课堂小结"方法：

一是归纳小结法：可以是在教师的指导下，由学生自己把新学的知识加以提炼、浓缩，归纳成简单的几句话或几张表或几张图；也可以由师生共同以一问一答的形式进行归纳总结。比如，在人教版高中化学必修1第三章第三节《铁及铁的化合物》的教学中，我引导学生的课堂小结就是归纳成以下的"铁三角"图。

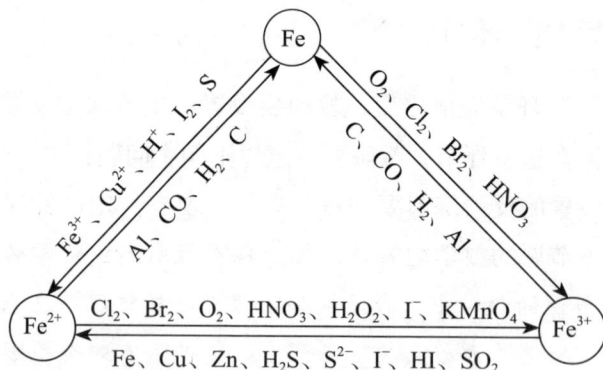

"铁三角"图

二是首尾呼应小结法：就是在一堂课即将结束时，解决引课时提出的问题，这样的结尾，前后呼应，会使学生有一种茅塞顿开、豁然开朗的感觉，如前面所举例子：《乙烯》教学时，引课提问："从市场上买来的半生不熟的香蕉，只要用塑料袋包扎密封，放置一两天后就能变熟，这是为什么？如果买回的是已经熟透的水果，只要用棉签蘸取少量高锰酸钾溶液与水果一起包扎密封于塑料袋内，就可以防止水果过早地熟烂，这又是为什么？"在学习了乙烯的化学性质和作用后进行课堂小结，回答上述提问：乙烯具有催熟水果的作用，而水果会释放乙烯，未熟的水果用塑料袋包扎密封，这样水果释放的乙烯不会泄漏，从而作用于水果，加速水果成熟。而在袋内放置蘸有高锰酸钾的棉签，其中的高锰酸钾会将水果释放的乙烯反应掉，这样就可以防止乙烯将熟透的水果进一步催熟导致熟烂。

三是设疑小结法：设疑就是提出有一定难度的问题，而这个问题常常是本节课知识无法完全解答，必须通过下节课的继续学习才有可能解决。这样的小结，让学生带着问题结束本节课学习，又期待下节课的继续。比如，在人教版高中化学选修 3 第二章第三节《分子的性质》第一课时的教学时，分析得出组成和结构相似的物质，其相对分子质量越大，分子间作用力越大，该物质的熔沸点也越高。但 H_2O 和 H_2S 相比较，常温时 H_2O 为液态，H_2S 为气态，亦即 H_2O 的沸点比 H_2S 高，这是为什么呢？这样的课尾小结，提出疑问，为下节课氢键的学习埋下伏笔，激发学生学习下一节课的欲望和兴趣。

五、"布置课后作业"环节

布置适当的课后作业，是学生巩固课堂所学知识的最佳途径。教师在布置课后作业时要坚持题量适中、难度适宜、易于批改或检查等原则。具体内容在后续章节中详加阐述。

第二节　练习讲评课

练习讲评课一般包含"课后作业讲评"和"考试试题讲评"两种情况。我认为，不管是"课后作业讲评"还是"考试试题讲评"，不宜面面俱到，最好是在教师批改后的基础上开展习题的讲评，这样的讲评才会更有针对性和目的性。

"课后作业"往往是某一节或某一教学知识点后的巩固练习，一般知识点的集中度比较高，但知识点设问的方式各异，所以这类练习题的讲评，教师重在剖析知识点的内涵与外延，找出知识点在试题中挖"坑"的关键点，同时分析该知识点在习题中一般会以何种方式进行设问，进而归纳其解题方法。

比如，有关"气体摩尔体积"的相关练习题，该知识点的描述为"标准状况下，1mol任何气体的体积约为22.4L"，习题中可能挖"坑"的几个关键点就是"标准状况""1mol""气体""22.4L"等，在试题讲评时提醒学生根据"关键词"找"坑"即可正确解答此类试题。如下题：下列关于气体摩尔体积的几种说法中，正确的是（　　）。

A. 22.4L任何气体的物质的量均为1mol

B. 非标准状况下，1mol任何气体不可能占有22.4L体积

C. 0.1mol H_2、0.2mol O_2、0.3mol N_2和0.4 mol CO_2组成的混合气体在标准状况下的体积约为22.4L

D. 标准状况下，78g的苯（分子式为C_6H_6）的体积约为22.4L

又比如，有关"化学反应速率"计算的相关练习题，该知识点的关键在于速率的计算公式为$v = \triangle c/t$，其中的$\triangle c$表示反应物或生成物浓度的改变，对于固体和纯液体因其浓度不变，不能用此式计算；而对于同一化学反应中不同物质表示的在同一时间的反应速率，其比值等于其在化学反应方程式中的化学计量数之比。如下题设问的"坑"就在以上两点：反应4A（s）+ 3B（g）══

$2C$（g）$+D$（g），经 $2min$，B 的浓度减少了 $0.6\ mol\cdot L^{-1}$。下列叙述正确的是（　　）。

  A. 用 A 表示的反应速率是 $0.4\ mol\cdot(L\cdot min)^{-1}$

  B. 分别用 B、C、D 表示反应的速率，其比值是 $3:2:1$

  C. 在 $2\ min$ 末的反应速率，用 B 表示是 $0.3\ mol\cdot(L\cdot min)^{-1}$

  D. 在这 $2\ min$ 内 B 和 C 两物质的浓度都减小

  再比如，根据有机物结构推测其可能发生的化学反应的练习题，该类题就是告诉学生，凡是有机物分子中具有哪些官能团，就把该官能团所具有的性质套在该有机物身上。如下题：某有机物的结构简式如下图所示，则此有机物可发生反应的类型可能有：①取代；②加成；③消去；④酯化；⑤水解；⑥中和；⑦氧化；⑧加聚。其中组合正确的是（　　）。

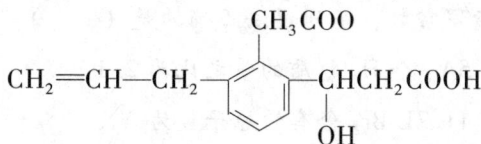

  A. ①②③⑤⑥　　　　B. ②③④⑤⑥　　　　C. ①②③④⑤⑥　　　　D. 全部

  分析讲评：该有机物结构中含有碳碳双键、酯基、醇羟基、羧基、苯环等，其中碳碳双键可以发生加成反应、加聚反应；酯基可以发生水解反应；羧基可以与碱发生中和反应；羧基以及醇羟基均可以发生酯化反应；醇羟基还可以发生取代反应和消去反应，也可以被氧化为酮；苯环也可以发生加成反应和取代反应。所以该题给的 8 种反应均可以发生，答案为 D。

  与"课后作业"相比，"考试试题"涵盖的知识点一般较多，少则一节一章，多则一个模块甚至整个学段的学科知识。因此，"考试试题"的讲评与"课后作业"的讲评在分析和讲评的方法上大有不同。"考试试题"因知识点分散、跨度大，教师在讲评时，应依据学生考试得失分的具体情况，将考试试题依题型归纳分类，由点及面逐层深入讲解，重点分析学生失分高的试题；切忌面面俱到，逐题依次分析，这样费时费力，没有重点。比如，以下为某校高一年级学生上学期期末考试化学试题：

<h3 style="text-align:center">××市 2012—2013 学年度上学期期末考试高一化学试题</h3>

  可能用到的相对原子质量：H——1　C——12　N——14　O——16　Na——23　S——32　Ba——137

第Ⅰ卷（选择题，共48分）

一、选择题（每小题只有一个选项符合题意，每小题3分，共48分）

1. 近年来，光化学烟雾污染问题已引起人们的注意，下列哪种气体是造成光化学烟雾的主要因素？（   ）

A. NO_2 B. SO_2 C. CO   D. CH_4

2. 利用下列装置（部分仪器已省略），能顺利完成对应实验的是（   ）。

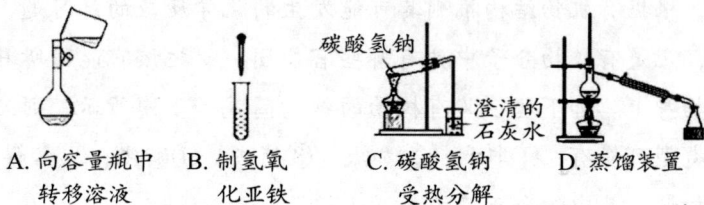

A. 向容量瓶中 B. 制氢氧 C. 碳酸氢钠 D. 蒸馏装置
转移溶液   化亚铁   受热分解

3. N_A 为阿伏伽德罗常数，下列说法正确的是（   ）。

A. N_A 个 N_2 与 $0.5N_A$ 个 H_2 物质的量之比为 $2:1$

B. 标准状况下，$11.2L$ Br_2 含有的原子数为 N_A

C. $5.6L$ 氯气和 $16.8L$ 氧气的混合气体中所含的分子数一定为 N_A

D. $1mol/L$ NaCl 溶液中含有 N_A 个氯离子

4. 下列离子的检验方法合理的是（   ）。

A. 向某溶液中滴入 KSCN 溶液呈血红色，说明不含 Fe^{2+}

B. 向某溶液中通入 Cl_2，然后加入 KSCN 溶液变血红色，说明原溶液含有 Fe^{3+}

C. 向某溶液中加入 NaOH 溶液，得到红褐色沉淀，说明溶液中含有 Fe^{3+}

D. 向某溶液中加入 NaOH 溶液得白色沉淀，又观察到颜色逐渐变为红褐色，说明溶液中含有 Fe^{2+}，不含有 Mg^{2+}

5. a、b、c、d、e 分别是 Cu、Ag、Fe、Al、Mg 五种金属中的一种。已知 ①a、c 均能与稀硫酸反应放出气体；②b 与 d 的硝酸盐反应，置换出单质 d；③c 与强碱反应放出气体；④c、e 在冷浓硫酸中发生钝化。由此判断 a、b、c、d、e 依次为（   ）。

A. Fe、Cu、Al、Ag、Mg

B. Mg、Cu、Al、Ag、Fe

C. Al、Cu、Mg、Ag、Fe

D. Mg、Ag、Al、Cu、Fe

6. 在 Na_2SO_4 和 $Al_2(SO_4)_3$ 的混合溶液中，测得 Al^{3+} 浓度为 $0.1mol \cdot L^{-1}$，SO_4^{2-} 浓度为 $0.3mol \cdot L^{-1}$，则混合溶液中 Na^+ 的浓度为（　　　）。

A. $0.3mol \cdot L^{-1}$

B. $0.15\ mol \cdot L^{-1}$

C. $0.6mol \cdot L^{-1}$

D. $0.45mol \cdot L^{-1}$

7. 常温下，下列各组离子在指定溶液中一定能大量共存的是（　　　）。

A. 在水溶液中：H^+、I^-、NO_3^-、SiO_3^{2-}

B. 饱和氯水中：Cl^-、NO_3^-、Na^+、SO_3^{2-}

C. 将足量 CO_2 通入时：H^+、NH_4^+、Al^{3+}、SO_4^{2-}

D. 碱性溶液中：NO_3^-、I^-、Na^+、Al^{3+}

8. 下列离子方程式书写正确的是（　　　）。

A. 钠与水反应：$Na + 2H_2O = Na^+ + 2OH^- + H_2\uparrow$

B. 硫酸和氢氧化钡溶液反应：$Ba^{2+} + OH^- + H^+ + SO_4^{2-} = BaSO_4\downarrow + H_2O$

C. 氯气通入水中：$Cl_2 + H_2O = 2H^+ + Cl^- + ClO^-$

D. 铁钉放入硫酸铜溶液中：$Fe + Cu^{2+} = Fe^{2+} + Cu$

9. 有人设想将不溶的碳酸盐材料通过特殊的加工方法使之变为纳米碳酸盐材料（碳酸盐材料粒子直径是纳米级），这将使建筑材料的性能发生巨大变化。下列关于纳米碳酸盐材料的推测正确的是（　　　）。

A. 纳米碳酸盐材料是与胶体相似的分散系

B. 纳米碳酸盐材料分散到水中会产生丁达尔效应

C. 纳米碳酸盐材料的化学性质已与原来的碳酸盐材料完全不同

D. 纳米碳酸盐材料的粒子不能透过滤纸

10. 下列叙述正确的是（　　　）。

A. Fe 在氯气中燃烧生成 $FeCl_2$

B. 将 $AlCl_3$ 溶液逐滴滴入 NaOH 溶液，先产生白色沉淀，最后沉淀消失

C. 铁粉中混有铝粉既可用过量的 NaOH 溶液，也可以用过量 $FeCl_3$ 充分反应过滤除去

D. 常温下，铝制品用浓硫酸或浓硝酸处理过，可耐腐蚀

21

11. 下列物质之间的转化能一步实现的是（　　）。

A. $Si \rightarrow SiO_2 \rightarrow H_2SiO_3 \rightarrow Na_2SiO_3$

B. $Al \rightarrow Al_2O_3 \rightarrow Al(OH)_3 \rightarrow NaAlO_2$

C. $N_2 \rightarrow NH_3 \rightarrow NO \rightarrow NO_2 \rightarrow HNO_3 \rightarrow NO_2$

D. $S \rightarrow SO_3 \rightarrow H_2SO_4 \rightarrow SO_2 \rightarrow Na_2SO_3 \rightarrow Na_2SO_4$

12. 关于 $NaHCO_3$ 与 Na_2CO_3 说法正确的是（　　）。

① $NaHCO_3$ 固体可以做干粉灭火剂，金属钠起火可以用它来灭火

② $NaHCO_3$ 粉末中混有 Na_2CO_3，可配制成溶液通入过量的 CO_2，再低温结晶得到提纯

③ $Ca(HCO_3)_2$、$Ba(HCO_3)_2$、$Mg(HCO_3)_2$ 的溶解度都比其正盐的溶解度大，因此，$NaHCO_3$ 的溶解度也应该比 Na_2CO_3 的大

④ Na_2CO_3 固体中混有 $NaHCO_3$，高温灼烧即可提纯

⑤ 区别 $NaHCO_3$ 与 Na_2CO_3 溶液，可以使用 $Ca(OH)_2$ 溶液和 $CaCl_2$ 溶液

⑥ 在滴有酚酞的 Na_2CO_3 溶液中，加入 $BaCl_2$ 溶液后，Na_2CO_3 溶液中的红色褪去，说明 $BaCl_2$ 溶液具有酸性

A. ①③　　　　B. ③⑥　　　　C. ②④　　　　D. ②⑤

13. 新型净水剂——高铁酸钾（K_2FeO_4）为暗紫色固体，可溶于水。工业上制备 K_2FeO_4 的常用方法之一是次氯酸盐氧化法：① $2FeCl_3 + 10NaOH + 3NaClO = 2Na_2FeO_4 + 9NaCl + 5H_2O$；② $Na_2FeO_4 + 2KOH = K_2FeO_4 + 2NaOH$。下列说法不正确的是（　　）。

A. 反应①为氧化还原反应，反应②为复分解反应

B. 反应①中氧化产物与还原产物物质的量之比为 2:9

C. 反应②的产物 K_2FeO_4 中 Fe 为 +6 价，具有强氧化性，能杀菌消毒

D. 若有 2mol $FeCl_3$ 发生反应，转移电子的物质的量为 6mol

14. 对 Fe、Cl_2、Al_2O_3、SiO_2、NaClO、$NaAlO_2$ 的分类正确的是（　　）。

A. 能与碱反应的物质是 Cl_2、Al_2O_3、SiO_2

B. 能与盐酸反应的物质是 Fe、Al_2O_3、SiO_2

C. 能与水反应的物质是 Fe、Cl_2、Al_2O_3

D. 具有两性的物质是 Al_2O_3、SiO_2、$NaAlO_2$

15. 下列除杂质的操作中不正确的是（　　）。

A. 铁粉中混有铝粉：加入过量烧碱溶液充分反应、过滤

B. CO_2 中混有 HCl：将其通入 NaOH 溶液

C. $NaHCO_3$ 溶液中混有少量 Na_2CO_3：往该溶液中通入过量 CO_2 气体

D. NaCl 溶液中混有少量 I_2：加入适量 CCl_4，振荡，静置，分液

16. 甲、乙、丙、丁四种易溶于水的物质，分别由 NH_4^+、Ba^{2+}、Mg^{2+}、H^+、OH^-、Cl^-、HCO_3^-、SO_4^{2-} 中的不同阳离子和阴离子各一种组成。已知：①将甲溶液分别与其他三种物质的溶液混合，均有白色沉淀生成；② 0.1mol/L 乙溶液中 $c(H^+) > 0.1 mol \cdot L^{-1}$；③ 向丙溶液中滴入 $AgNO_3$ 溶液有不溶于稀 HNO_3 的白色沉淀生成。下列结论不正确的是（　　）。

A. 甲溶液含有 Ba^{2+}　　　　　　B. 乙溶液含有 SO_4^{2-}

C. 丙溶液含有 Cl^-　　　　　　　D. 丁溶液含有 Mg^{2+}

第 Ⅱ 卷（共 52 分）

二、填空题（本大题包括 5 小题，共 46 分）

17.（17 分）现有下列九种物质：① H_2；②铝；③ CuO；④ CO_2；⑤ H_2SO_4；⑥ $Ba(OH)_2$ 固体；⑦氨水；⑧稀硝酸；⑨熔融 $Al_2(SO_4)_3$。

（1）按物质的分类方法填写表格的空白处。

分类标准	能导电	非电解质	电解质
属于该类的物质			

（2）上述九种物质中有两种物质之间可发生离子反应：$H^+ + OH^- \rightleftharpoons H_2O$，该离子反应对应的化学方程式为_____。

（3）⑨在水中的电离方程式为_____。34.2g⑨溶于水配成 250mL 溶液，SO_4^{2-} 的物质的量浓度为_____。

（4）少量的④通入⑥的溶液中反应的离子方程式为_____。

（5）②与⑧发生反应的化学方程式为 $Al + 4HNO_3 = Al(NO_3)_3 + NO\uparrow + 2H_2O$。该反应的氧化剂是_____（填化学式），还原剂与氧化剂的物质的量之比是_____。当有 5.4g Al 发生反应时，转移电子的物质的量为_____。

18.（6 分）某些化学反应可用下式表示（未配平）：A + B→C + D + H_2O，

请回答下列问题：

（1）若 A、C、D 均含有氯元素，且 A 中氯元素的化合价介于 C 与 D 之间，写出该反应的离子方程式：_____。

（2）若 A 为紫红色金属，D 为无色刺激性气体，请写出符合上式的化学方程式：_____。

（3）若 C、D 均为气体（其中 C 有颜色）且分子具有相同的原子个数比，则符合上式的化学方程式是：_____。

19.（8分）下图是氮元素的各种价态与物质类别的对应关系：

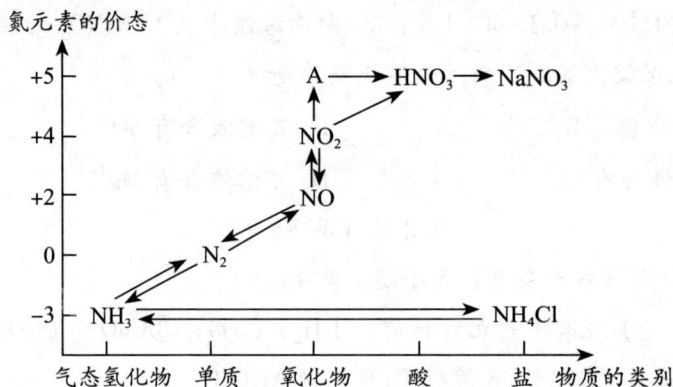

（1）根据 A 对应的化合价和物质类别，A 的摩尔质量是_____，从氮元素的化合价能否发生变化的角度判断，图中的物质既有氧化性又有还原性的化合物有_____。

（2）实验室制取 NH_3 的化学方程式是_____。

（3）汽车尾气中含有 CO 和 NO 等多种有害气体，若在汽车的排气管上安装一种催化转化装置，可使 CO 与 NO 反应，生成两种无毒气体，则该反应的化学方程式为_____。

20.（6分）已知：将 SO_2 通入 $FeCl_3$ 溶液中，溶液颜色会变为浅绿色，其原理可表示为

$$\square Fe^{3+} + \square SO_2 + \square H_2O \longrightarrow \square Fe^{2+} + \square SO_4^{2-} + \square H^+$$

（1）请配平上述离子方程式。

（2）若参加反应的 SO_2 在标准状况下的体积为 1.12L，则该反应转移的电子的物质的量为_____ mol。

（3）已知向 Fe^{2+} 溶液中滴加少量硝酸时，溶液由浅绿色变为黄色。则 Fe^{3+}、SO_4^{2-}、HNO_3 的氧化性由强到弱的顺序为_____。

21.（9分）右图是某学校实验室从化学试剂商店买回的硫酸试剂标签上的部分内容。

硫酸 化学纯（CP）（500mL）
品名：硫酸
化学式：H_2SO_4
相对分子质量：98
密度：1.84g/cm³
质量分数：98%

（1）硫酸具有 A～D 所示的性质，以下过程主要表现了浓硫酸的哪些性质？请将选项字母填在下列各小题的括号内。

A. 酸性　　　　B. 吸水性　　　　C. 脱水性　　　　D. 强氧化性

① 浓硫酸可以干燥氢气。（　　　）

② 浓硫酸使木条变黑。（　　　）

③ 热的浓硫酸与铜片反应。（　　　）

（2）现用该浓硫酸配制 100mL 1 mol/L 的稀硫酸。可供选用的仪器有：①胶头滴管；②烧瓶；③烧杯；④ 药匙；⑤量筒；⑥托盘天平；⑦玻璃棒；⑧100mL 容量瓶。请回答：

① 配制稀硫酸时，上述仪器中不需要使用的有_____（选填序号）。

② 经计算，配制 100mL 1mol·L^{-1} 的稀硫酸需要用量筒量取上述浓硫酸的体积为_____ mL。

③ 下列操作会使配制的溶液浓度偏高的是（　　　）。

A. 量取浓 H_2SO_4 时，俯视刻度线

B. 定容时，俯视容量瓶刻度线

C. 配制前，容量瓶中有水珠

D. 定容后摇匀发现液面下降，但未向其中再加水

三、计算题（本题包括1个小题，共6分）

22.（6分）把一定质量的镁、铝混合物投入 1mol·L^{-1} 的盐酸中，待金属完全溶解后，向溶液中加入 1mol·L^{-1} 的氢氧化钠溶液，生成沉淀的质量与加入氢氧化钠溶液的体积关系如图所示，则

（1）金属铝的质量为_____g。

（2）a 的取值范围是_____ml。

（3）$n(Mg)/n(Al)$ 的最大值是_____。

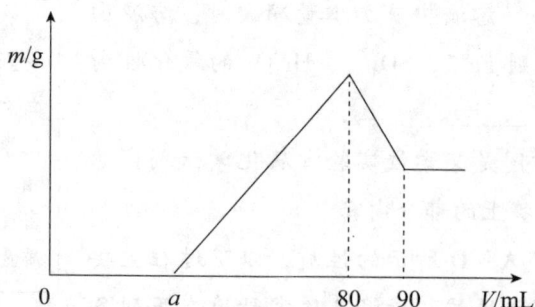

对于这份考试题的讲评，教师在讲评之前，首先根据阅卷情况找出得分率高和得分率低的试题，同时分析学生失分的原因。分析如下。得分情况：①得分率高的题有：1、3、5、6、14、19，尤其是第14题，学生答题正确率达到96%以上。这说明，学生对常见物质的性质还是比较了解的，所以在进行分类时，能快速、正确地找出各种物质间的性质的异同，从而进行分类。②失分率高的题有：2、11、17、21；第17题涉及的知识点中，学生经常忘记非电解质也是化合物；第22题中，学生对于有关铝盐与碱反应的情况掌握不理想。失分原因分析：①学科用语不规范；如书写化学方程式时忘记标上气体符号、反应条件等，书写离子方程式时没注意前后要满足电荷守恒；②对一些概念掌握不透彻，不重视日常生活中的化学；③基本功不扎实，平时训练不够或计算粗心。

在进行了这些考试基本情况分析之后，开展课堂试题讲评：分析讲解得分率低的试题之后，再列举一两道相似的试题，检查学生对此类试题的掌握情况。比如，选择题第2题学生失分较多，说明学生对于一些有关元素化合物性质相关的基础实验掌握不太好，在分析此题后，再举如下试题让学生进行课堂现场练习：

用下列实验装置能达到实验目的的是（　　　　）。

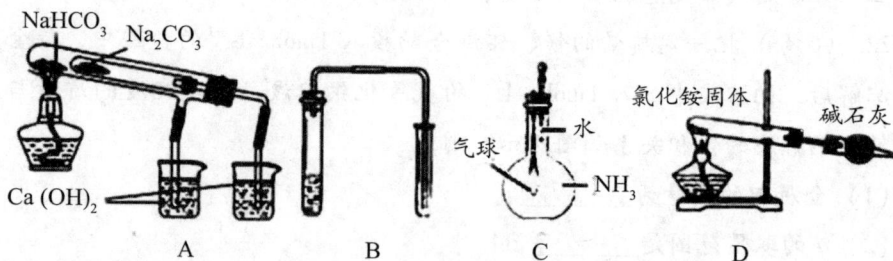

A.　比较 $NaHCO_3$ 和 Na_2CO_3 热稳定性大小

B.　用铜和稀硝酸制取并收集少量 NO

C.　验证氨气易溶于水

D.　实验室制取少量氨气

这样的处理，重点不在此题的掌握而在此类知识点的掌握。

第三节　复习课

复习课有某章某节的复习，也有某阶段某学段或者某模块的复习，还有高考总复习等不同类型。不同类型的复习课，其组织方式、教学方式等不尽相同。正确选择复习课形式，打造有效课堂，"一节好课就像一串美丽的珍珠项链，课的每一个环节都是一颗闪闪发亮的珍珠，课的灵魂就是那根能将珍珠穿起来的线"。

一般复习课适宜采用"六环节"复习法的教学模式，即"列表、题型、讲解、达标、归因、强化"。教师在上课过程中充分利用多媒体等辅助教学手段，加大课堂容量，构建难度梯度，才能提高复习课的有效性。

一、章节知识的复习课

章节知识的复习是学生学习了某一章节知识后的复习，学生学习知识的时间跨度不大，知识量小，知识的内在关联度大，规律性强。这种复习课，更多的是阶段性知识总结。我认为，这种复习可设置复习学案，布置给学生自主完成。其中元素化合物、有机化合物等有关物质性质类的知识的复习，以多维图的形式展现，以体现元素化合物或有机化合物之间的转化关系。比如，在复习"氮及其化合物"的知识时，我设计以下两个知识链接关系图：

一是氮及其化合物知识结构图。

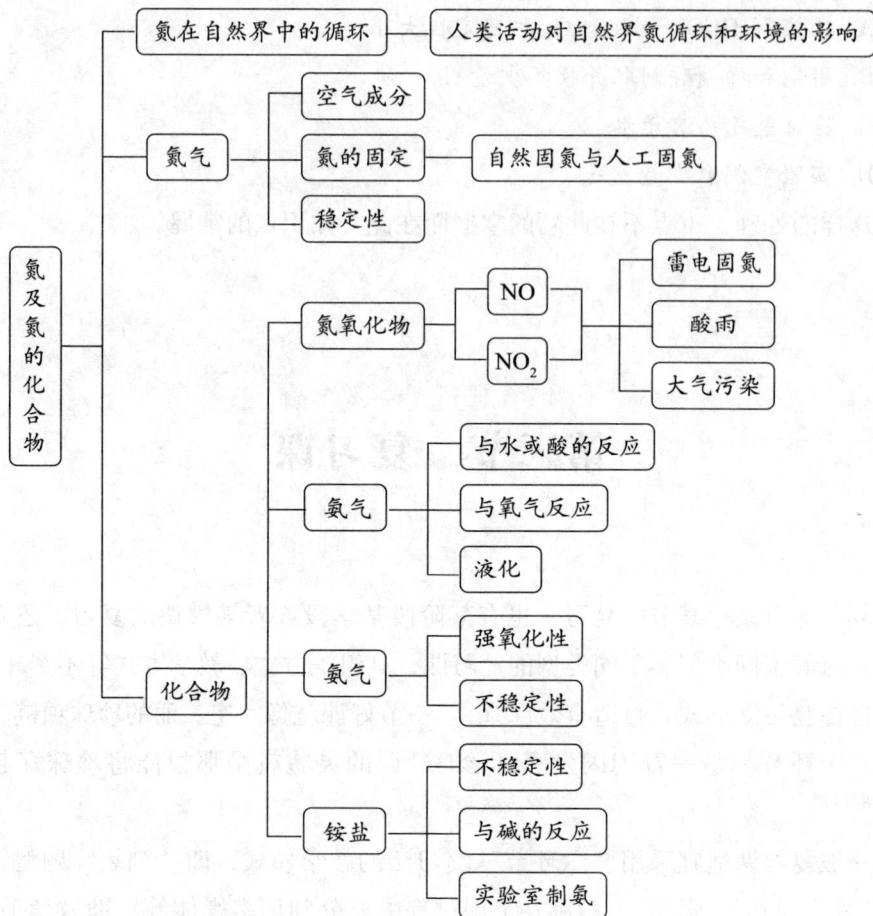

氮及其化合物知识结构图

二是氮及其化合物的衍变关系。

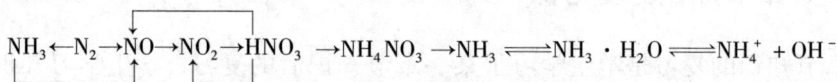

$$NH_3 \leftarrow N_2 \rightarrow NO \rightarrow NO_2 \rightarrow HNO_3 \rightarrow NH_4NO_3 \rightarrow NH_3 \rightleftharpoons NH_3 \cdot H_2O \rightleftharpoons NH_4^+ + OH^-$$

氮及其化合物的衍变关系图

要求学生按氮及其化合物的知识结构图整理归纳本节内容,按照氮及其化合物的衍变关系图,逐一写出每一步的化学反应方程式。这种设计,既避免了在复习时简单地将已学知识生硬地回顾,又将物质间的关系有机地串联起来了,一目了然。

二、某阶段复习（如期中、期末复习）或模块复习

相对而言，某阶段复习（如期中、期末复习）或模块复习知识内容多、时间跨度大，内容之间的关联度有大有小，教师在开展这种复习课时，可根据可用的复习时间的充足与否采用不同的复习方法：如果可用于复习的时间比较充足，可采用系统归纳与课堂反馈练习（或检测）相结合的方式进行复习；如果复习的时间比较短，则一般采用归纳总结的方式进行复习教学。比如，在高一下学期的期末考试复习中，如果时间充裕，我是这样做的：首先将下学期下半段所学的两章内容（《有机化合物》和《化学与自然资源的开发利用》）设计成学案的形式进行归纳如下：

《有机化合物》归纳与整理学案

1. 师问：什么是有机化合物？

甲生答：含有碳元素的化合物（碳的氧化物、碳酸盐、金属碳化物等除外）。

2. 师问：为何有机物的种类如此之多？

乙生答：

（1）成键特点。

① 碳呈四价，可以与其他原子形成共价键，也可以相互成键；

② 碳原子间可以形成 C—C、C＝C、 C≡C 等；

③ 可以是链状分子，也可以形成环状分子等。

（2）存在同分异构体现象。

3. 师问：何为同分异构体？

甲生答：分子式相同结构不同的化合物互称为同分异构体。

4. 师问：同分异构体和同系物、同位素、同素异形体有什么区别？

教师引导学生回忆并完成下表：比较同系物、同分异构体、同素异形体、同位素（列表比较）。

比较项目	同位素	同素异形体	同系物	同分异构体
对象	原子	单质	有机化合物	化合物
相同	质子数	元素种类	结构、通式	分子式
不同	中子数	单质内部结构	C 原子个数	结构

5. 师问：到目前为止，我们学习了哪些常见有机化学反应，这些反应是如何定义的？

甲生答：取代反应，即有机物分子里的某些原子或原子团被其他原子或原子团所替代的反应。

加成反应，即有机物分子中的双键或三键两端的碳原子与其他原子或原子团直接结合生成新化合物的反应。

酯化反应，即酸与醇起作用，生成酯和水的反应。

6. 师问：酯化反应可否看成取代反应？

乙生答：可以。

7. 师问：这一章，我们已经学了哪几类有机物？

甲生答：烃（甲烷、乙烯、苯）、烃的衍生物（乙醇、乙酸）、重要的营养物质（糖类、油脂、蛋白质）。

8. 教师引导学生回忆并完成下表：常见的烃比较。

有机物	分子结构特点	主要化学性质	主要用途
甲烷	正四面体、最简单的烷烃（C—C）	1. 氧化反应（燃烧） 2. 取代反应 3. 分解反应	1. 清洁高效燃料 2. 重要的化工原料
乙烯	碳碳双键、平面结构、最简单的烯烃	1. 氧化反应 2. 加成反应	1. 植物生长调节剂 2. 重要的基本化工原料
苯	C 与 C 之间是一种介于单键和双键之间的独特的键、平面正六边形	1. 取代反应（卤代、硝化） 2. 加成反应（与 H_2 反应）	1. 有机溶剂 2. 重要化工原料

9. 师问：苯的卤代与烷烃的卤代，反应条件是否相同？

乙生答：不同。

10. 练习题（甲生答）。

若甲烷与氯气以物质的量之比 1∶3 混合，在光照条件下得到的产物除 HCl 外还有：① CH_3Cl；② CH_2Cl_2；③ $CHCl_3$；④ CCl_4。其中正确的是（D）。

A. 只有①   B. ①②③的混合物

C. 只有③   D. ①②③④的混合物

11. 练习题（乙生答）。

可以用来鉴别甲烷和乙烯，又可以用来除去甲烷中混有的少量乙烯的操作方法是（B）。

A. 混合气通过盛酸性高锰酸钾溶液的洗气瓶

B. 混合气通过盛足量溴水的洗气瓶

C. 混合气通过盛水的洗气瓶

D. 混合气跟氯化氢混合

12. 教师引导学生回忆并完成下表：烃的衍生物。

有机物	分子结构特点	主要化学性质	主要用途
乙醇	C_2H_5—OH 烃基与羟基直接相连	1. 与活泼金属作用 2. 氧化反应（燃烧、催化氧化） 3. 酯化反应	1. 清洁高效燃料 2. 制作饮品、香料 3. 重要化工原料
乙酸	CH_3—COOH 烃基与羧基直接相连	1. 酸性 2. 酯化反应	1. 制作饮品、调味品、香料 2. 重要化工原料

13. 练习题（甲生答）。

乙醇分子结构中，各种化学键如下图所示。关于乙醇在各种反应中断裂键的说明不正确的是（A）。

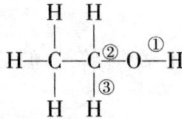

$$H-\underset{\underset{H}{|}}{\overset{\overset{H}{|}}{C}}-\underset{\underset{③}{|}}{\overset{\overset{H}{|}}{C}}\overset{②}{-}O\overset{①}{-}H$$

A. 和乙酸、浓 H_2SO_4 共热时断裂键②

B. 和金属钠反应时断裂键①

C. 在 Ag 催化下和 O_2 反应时断裂①③键

14. 教师引导学生回忆并完成下表：基本营养物质。

有机物	主要组成元素	主要化学性质	主要用途
糖类	C、H、O	1. 葡萄糖具有还原性［银镜反应、与新制 $Cu(OH)_2$ 反应］ 2. 淀粉遇碘变蓝 3. 多糖水解得单糖等	动植物所需能量的重要来源
油脂	C、H、O	水解（酸性条件下水解得甘油和高级脂肪酸、碱性条件下水解得甘油和高级脂肪酸盐）	动物体内储存能量的主要物质
蛋白质	C、H、O、N、P、S 等	1. 与硝酸作用变黄 2. 在酶催化下水解得氨基酸	动植物体进行正常生命活动的必需物质

15. 练习题（乙生答）。

下列关于油脂的说法不正确的是（D）。

A. 油脂属于酯类

B. 油脂没有固定的熔沸点

C. 油脂密度比水小，不溶于水，会浮于水上层

D. 油脂在酸性条件下的水解反应称为皂化反应

《开发利用金属矿物和海水资源》归纳与整理学案

1. 师问：化学是怎样的一门学科？

甲生答：化学是研究物质的结构、性质的一门自然学科。

2. 师问：金属在自然界一般以什么形式存在？

乙生答：绝大多数金属以化合态存在，只有少数金属以游离态存在（金、铂）。

3. 师问：在金属化合物中，金属元素一般呈何种价态？

甲生答：金属一般呈正价。

【讲解】要得到金属单质，就必须将它们还原。在工业上将这个过程称为金属的冶炼。

根据金属的活动性不同，可以采用不同的冶炼方法。

4. 师问：请同学们回忆一下金属活动顺序表。

乙生答：K Ca Na Mg Al Zn Fe Sn Pb（H）Cu Hg Ag

5. 师讲解：活动性在铜之后的金属一般用热分解法来冶炼。

如：$2HgO \xrightarrow{\text{加热}} 2Hg + O_2 \uparrow$ $2Ag_2O \xrightarrow{\text{加热}} 4Ag + O_2 \uparrow$

6. 师讲解：活动性在铜和镁之间的金属一般用热还原法来冶炼。

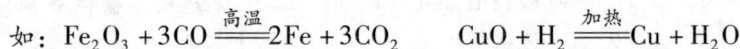

如：$Fe_2O_3 + 3CO \xrightarrow{\text{高温}} 2Fe + 3CO_2$ $CuO + H_2 \xrightarrow{\text{加热}} Cu + H_2O$

7. 甲生问：热还原法中除了用 CO、H_2 等气体做还原剂，能否用金属做还原剂？

师答：能。比如，我国古代的湿法炼铜：$Fe + CuSO_4 \xrightarrow{\quad} FeSO_4 + Cu$。

8. 师讲解。

除了上面举的湿法炼铜的方法，还有可用铝做还原剂还原某些金属化合物，我们称这类反应为铝热反应（教材 p.89 讲解铝热反应及铝热反应的应用）。

9. 师讲解。

在金属活动性顺序中，钠、钙、铝等几种金属的还原性很强，这些金属都很容易失去电子，因此不能用一般的方法和还原剂使其从化合物中还原出来，而只能用电解其熔融盐或氧化物的方法来冶炼。

师讲解：在冶炼金属时要消耗大量的能源和资源，所以我们还必须对废旧金属进行回收利用。

10. 乙生问：金属回收有何意义？

师答：①节约矿物资源；②节约能源；③减少环境污染。

【资料】以金属铝为例：如果人类消费的金属铝能够回收利用，只要回收利用量达到产量的二分之一，每年就将减少铝土矿消耗量约5000万吨，这对于保护全球铝土矿资源具有极为重要的意义。此外，利用废杂金属铝为原料与用铝土矿原料生产金属铝相比，可以节省95%以上的能源消耗，减少二氧化碳排放量90%以上，环保效益十分显著。

11. 练习（甲生答）。

下列各组金属中，最适合用氢气或一氧化碳把它们从化合物中还原出来的是（C）。

A. Ca Mg　　　　B. Al Fe　　　　C. Fe Cu　　　　D. Hg Ag

12. 引言：除了地球上的金属矿物资源，在海洋中也含有大量可利用资源。

【指导学生阅读教材 p.90 第3、4段落】

海洋约占地球表面积的 __71%__，海水中水的储量约占地球上总水量的 __97%__，但海水中由于溶解有大量的无机物和有机物，不能直接利用，而必须将海水淡化。海水淡化的方法很多，但主要方法还是蒸馏法。（教材 p.90 的蒸馏的原理示意图）

另外还可将海水淡化与化工结合、与能源技术结合（如蒸馏过程中的热源可利用太阳能），这成为海水综合利用的重要方向。

13. 师问：蒸馏装置中主要的仪器有哪些？

乙生答：蒸馏烧瓶、酒精灯、冷凝管、接收器。

【学生阅读教材 p.90 第5段落】

15. 海水中溶解和悬浮着大量的无机物和有机物，总计含有 __80__ 多种元素；虽然这些无机物和有机物富集程度比较低，但总储量也非常巨大，如1吨

海水中仅含 4×10^{-6}g 金元素，但总储量达 5000 万吨，可见海水的化学资源非常丰富。

下面我们来学习如何证明海带中含有碘元素以及从海水中提取溴。

16. 师问：海带中的碘元素以什么形式存在？

甲生答：以 I^- 形式存在。

17. 师问：如何检验海带中的碘元素呢？

乙生答：可以通过将碘离子氧化成碘单质后进行检验。（碘单质遇淀粉变蓝）

18. 师问：哪些物质可将碘离子氧化为碘单质？

甲生答：高锰酸钾溶液、氯气、过氧化氢等。

19. 师问：最好选哪样？为什么？

乙生答：最好选用过氧化氢，没有颜色干扰，便于观察碘遇淀粉后的颜色变化。

20. 师问：检验海带中碘元素（I^-）大致操作流程是什么？

甲生答：

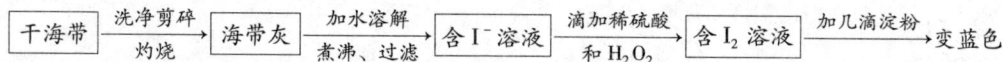

21. 海水提溴。

师问：① 海水中溴以何种形式存在？

乙生答：Br^-。

师问：② 可用哪些物质将其氧化？

甲生答：可用氯气等氧化剂：$2Br^- + Cl_2 = 2Cl^- + Br_2$。

师问：③ 海水提溴大致流程是什么？

乙生答：

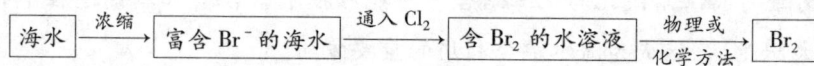

在完成上述复习学案后，再布置相应的复习习题作为检测练习，这样就是一个系统的高一下学期后半段的复习课。

三、高考复习课

相对而言，高考复习的内容包括中学阶段所学的所有的化学学科知识，复习时间相对而言也非常充裕，所以绝大多数时候，高考复习前一定要制订一个切实可行的复习计划，让整个复习过程井然有序。一般高考化学复习计划可按三个阶段进行：第一阶段是扎实的基础知识通篇复习，第二阶段是专题知识复习，第三阶段是查漏补缺。第一阶段复习主要按教材章节分单元进行。这是高考复习基础环节，这一阶段可以以一本复习教学案和高考说明为复习蓝本，教学案需自己编写，教学案的质量直接关系到教学效果。教学案内容可以将复习内容以问题形式或填空形式呈现给学生。教学案内容要面向全体学生，帮助学生扫清知识的盲点，强化学生的基础知识和基本技能，以达到灵活运用的目的。第二阶段复习是按专题进行综合复习，复习思路是将高考化学内容分为五个主题：①科学探究（含实验）；②常见元素化合物（包括基本有机化合物）；③物质结构；④化学基本概念；⑤化学基本原理。五个专题复习又可以细化成若干个小专题。通过这轮复习，教师要能将抽象的化学概念和理论具体化、问题化，有机地融入实验探究内容，促进各部分知识的综合，在此基础上要进一步创设一些真实的探究情境，让学生运用科学的学习方法来解决一些实际问题，从而提高学生的分析能力和科学探究能力。第三轮复习进行综合模拟训练，模拟考试。

近些年，高考化学与物理、生物三门学科同场合卷考试，化学学科的考试时间少了，题量少了，但化学学科主干知识点覆盖面却没减少。因此，在这种考试模式下，学生在高考复习时，不能像以前单科单场次的考试模式那样，对每个知识点都向纵深处挖掘，而要搞好基础知识的复习，拓宽自己的知识面，即不必"深挖洞"，但要"广积粮"。

首先，要立足教材，夯实基础。

综观近几年全国高考化学试题可以发现：考试命题依据现行《普通高中化学课程标准（2017年版）》（以下简称《课标》），但又不完全拘泥于《课标》。其特点是以《课标》为依据，重视基础知识和基本技能（"双基"）的考查。例如，元素化合物、化学反应原理、化学基础实验、基础有机化合物等基础知识仍是高考化学学科考试的重点内容。同时突出对基础知识的理解、记忆以及它们在科学探究中作为理论基础的重要性。

教材是"双基"的重要来源，因此，在高考化学复习中，学生要立足教材，对于教材上的每个知识点，都要把握相关知识的内涵与外延，为自己构建一个较为牢固的知识体系，打好基础，争取做到融会贯通。

其次，要扎根学科内，拓展学科外。

近几年高考化学试题，有机地渗透了语文、物理、化学、生物等多门学科的知识，并以多样、复杂的形式呈现出来。

如：2017年普通高等学校招生全国统一考试理科综合能力测试（化学）全国Ⅰ卷第8题：

《本草衍义》中对精制砒霜过程有如下叙述："取砒之法，将生砒就置火上，以器覆之，令砒烟上飞着覆器，遂凝结累然下垂如乳，尖长者为胜，平短者次之。"文中涉及的操作方法是（　　　）。

A. 蒸馏　　　　　B. 升华　　　　　C. 干馏　　　　　D. 萃取

此题就将语文中的文言文与化学学科知识有机结合。

而物理和化学综合能力测试主要体现在自然现象、原子结构、物质的物理性质及化学变化、环境保护和人类生存条件、工农业生产和生活实际、新能源、新材料、现代科技等方面。

生物和化学综合能力测试主要体现在两门学科相关的、交叉的教学内容上，如糖类、盐类、蛋白质、有机物与生活污水处理和自然环境保护等。

如：2018年普通高等学校招生全国统一考试理科综合能力测试（化学）全国Ⅰ卷的第8题：

下列说法错误的是（　　　）。

A. 蔗糖、果糖和麦芽糖均为双糖

B. 酶是一类具有高选择催化性能的蛋白质

C. 植物油含不饱和脂肪酸酯，能使 Br_2/CCl_4 褪色

D. 淀粉和纤维素水解的最终产物均为葡萄糖

此题中的 B 选项，"酶"在化学学科中介绍它的主要成分是蛋白质，在生物学中，则介绍了它是一种高效高选择性的催化剂，综合生物与化学知识，可知此选项的描述基本上是正确的。

这样的试题特点，就要求我们学生不仅要有扎实的各学科的基础知识和基本技能，而且还必须有综合运用多学科知识，多角度、多层面，采用各种方法分析和解决问题的能力。为此，广大考生在高考复习过程中，要以学科主干知识点为中心，加强与其他学科知识的衔接，拓宽视野，夯实基础，并关注当前

社会热点、科技发展、社会和自然发展的新现象。因为这些问题都不是某一门学科知识所能解释和解决的，要综合各学科的知识点。在课外广泛阅读，主动寻求有用信息，积极参加社会实践活动，借此培养自己灵活运用和综合归纳各门学科知识的能力。

再次，要抓"素养"，重"能力"的培养。

高考是一种选拔性考试，注重对学生能力和学科核心素养的考查。按照《课标》的要求，化学学科核心素养包括"宏观辨识与微观探析""变化观念与平衡思想""证据推理与模型认知""科学探究与创新意识""科学态度与社会责任"。其中包括的能力考查主要有：观察辨析能力、实验探究能力、自学创新能力等。

化学学科中的观察辨析能力的培养，要求突出"全面"二字：不仅要注意到现象，还要考虑到现象后面的本质，这样才能完成一个系统、全面的观察与辨析。

实验探究是化学学科的基础。化学实验的基本操作能力、实验数据处理能力、实验中处理有关安全问题能力、识别和绘制典型实验仪器装置图的能力、根据实验目的和要求设计简单实验方案的能力等，是化学实验能力的基本体现，是培养学生敏锐思维能力和综合分析能力及创造性素质的重要途径，是高考化学学科的考试热点。

如：2018 年普通高等学校招生全国统一考试理科综合能力测试（化学）全国Ⅰ卷的第 12 题：

醋酸亚铬 [$(CH_3COO)_2Cr \cdot H_2O$] 为砖红色晶体，难溶于冷水，易溶于酸，在气体分析中用作氧气吸收剂。一般制备方法是先在封闭体系中利用金属锌作还原剂，将三价铬还原为二价铬；二价铬再与醋酸钠溶液作用即可制得醋酸亚铬。实验装置如图所示，回答下列问题：

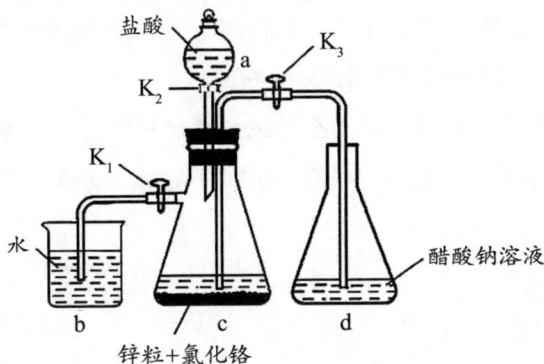

（1）实验中所用蒸馏水均需经煮沸后迅速冷却，目的是＿＿＿＿＿＿＿，仪器 a 的名称是＿＿＿＿＿＿。

（2）将过量锌粒和氯化铬固体置于 c 中，加入少量蒸馏水，按图连接好装置，打开 K_1、K_2，关闭 K_3。

① c 中溶液由绿色逐渐变为亮蓝色，该反应的离子方程式为＿＿＿＿＿＿＿。

② 同时 c 中有气体产生，该气体的作用是＿＿＿＿＿＿。

（3）打开 K_3，关闭 K_1 和 K_2。c 中亮蓝色溶液流入 d，其原因是＿＿＿＿＿＿；d 中析出砖红色沉淀，为使沉淀充分析出并分离，需采用的操作是＿＿＿＿＿＿、＿＿＿＿＿＿、洗涤、干燥。

（4）装置 d 可能存在的缺点是＿＿＿＿＿＿。

这道试题不仅要求考生熟悉常见的化学仪器，能写出实验过程中发生的化学反应，还要明晰实验方案中的不足及改进方法等。因此，广大考生在高考复习中应注重实验内容的学习和实验探究能力的培养。

近几年全国高考化学试题出现了许多与时代紧密相关的热点问题的信息题，学生在解答这一类题时必须通过自己的阅读，从中筛选出有效信息，然后进行答题。这就要求学生具备独立审题、独立弄清化学情境、独立吸收信息的能力。因此学生在平时的学习中，要注重自学能力的培养，对有些知识不但要"学会"，更要注重与之相关知识的融会贯通，做到基础知识"学会"，相关新知识"会学"。

最后，要联系生活实际，关注时事热点。

按照《课标》的要求，化学学科的教学，要坚持反映时代要求，反映新时代中国特色社会主义理论和建设新成就。近些年的全国高考化学试题中，选择题第 7 题，基本上是化学与日常生活、工农业生产、科技的发展等相关的试题（STS 类试题）。而非选择题中的"化工原理"题，更是将中学化学基础知识与化学工业生产原理、最新科学技术等相结合。

如：2017 年普通高等学校招生全国统一考试化学（海南卷）第 17 题：

以工业生产硼砂所得废渣硼镁泥为原料制取 $MgSO_4 \cdot 7H_2O$ 的过程如图所示。

滤渣1　　Ca(ClO)₂、MgO　　滤渣2

硼镁泥 → 酸解 → 过滤 → 除杂 → 过滤

MgSO₄·7H₂O ← 浓缩结晶 ← 浓缩过滤

滤渣3

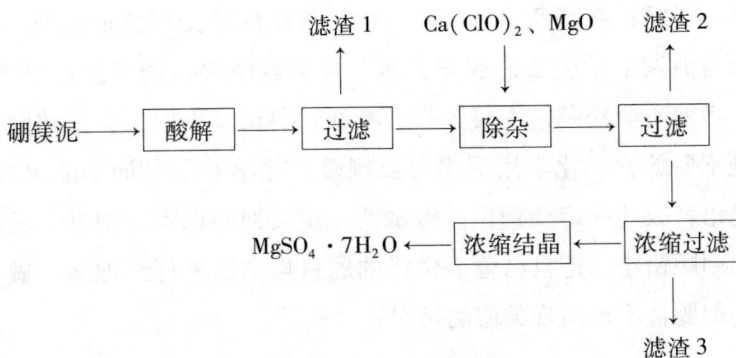

硼镁泥的主要成分

MgO	SiO₂	FeO、Fe₂O₃	CaO	Al₂O₃	B₂O₃
30%~40%	20%~25%	5%~15%	2%~3%	1%~2%	1%~2%

回答下列问题:

(1) "酸解"时应该加入的酸是_____,"滤渣1"中主要含有_____(写化学式)。

(2) "除杂"时加入次氯酸钙、氧化镁的作用分别是_____、_____。

(3) 判断"除杂"基本完成的检验方法是_____。

(4) 分离滤渣3应趁热过滤的原因是_____。

此题将看似高端的工业生产技术与已学的化学知识联系,充分说明化学与工农业生产的密切联系。因此,学生在复习时,可从身边熟悉的现象入手,紧密联系生活实际,感受并理解身边的化学物质和化学反应,增强学习兴趣,加强对化学知识在生活和生产实际中应用的认识。

与此同时要了解时事热点和社会的焦点问题,关注社会、时代、新科技的发展及其应用。近几年,与化学有关的时政热点问题有:化学生物学、绿色革命与环保化工、新能源、环境污染与治理、水资源的保护和水污染的治理措施等。

要了解这些热点问题就要求学生多接触社会生活,多阅读课外书籍,而不是一味沉浸在题海中。

不同学校的学生的学习习惯、学习方法等有差异,教师在进行高考复习时也不能千篇一律,应该因地制宜,采用适合各自学校学生特点的方法,综合各方面的因素,找出适合自己学校的学生的复习方法,提高复习的有效性。另外,作为教师必须了解：在高考临近时有些学生常出现紧张和惧怕心理，睡眠质量很差。因而考前调节学生心态也很关键。作为教师要帮助学生调整考前心理，增强信心，考前不能松懈，不要紧张，考试时要认真审题，会做的题目一定要做对，难题不要放弃。化学用语书写要规范，化学专用名词不能出现错别字，有些问答题语言表述一定要到位。考试前一定要回归课本，把书上基础知识理一理。加强回顾错题，把自己曾经做错的题目再拿出来仔细地做一做，保证高考时再做类似题目不再出现类似的错误。

第四节　实验课

化学是以实验为基础的自然学科。通过化学实验教学可以帮助学生形成化学概念，理解和巩固化学知识，培养学生观察实验现象、分析问题、解决问题的能力，使学生获得比较熟练的实验操作技能，培养学生实事求是、严肃认真的科学态度。因此，加强化学实验教学是提高化学教学质量的重要一环。同时，化学实验更易激发学生学习化学的兴趣，提高学生学习化学的自觉性和积极性。开设实验课也是化学学科的基本的特征之一。化学实验课有课堂教师演示、学生分组实验两种最基本最常见的课堂组织形式，这里我着重阐述学生分组实验课的教学组织过程。

在学生分组实验课中，我常常听很多教师说："学生太闹了！课堂太乱了！老师真是难当呀！"如果让学生老老实实地坐着，课堂气氛便显得死气沉沉；如果开放课堂，学生就会跃跃欲试，呈现出无序状态。那么究竟该如何看待和解决学生分组实验课堂中的"闹、乱"现象呢？

学生分组实验课堂中出现的"闹、乱"现象，常常是由于教师未使学生充分认识实验课的重要意义，忽视学生分组实验课的准备以及在实验过程中的组织指导工作所造成的。例如，教师忽视了指导和严格要求学生认真预习实验教材，以致不少学生对实验目的、内容、操作步骤不甚明确。有的学生只是抱着

"好玩"的态度来实验，到实际操作时，就盲目混乱。又如，有些教师在课前没有准备好实验用的仪器和药品，到实验开始时，学生发现缺少某种仪器或药品，或者仪器已有破损，就会围着教师要这要那，造成课堂混乱的局面。再如，教师没有根据实验目的、要求对学生的实验操作事先做好周密的指导计划，课堂上，往往就容易顾此失彼，陷于被动、忙乱之中：有困难的学生常因得不到及时指点而呼喊教师；实验技能比较好的学生，又因提前完成了实验而未得到很好的后续安排，而无事可做，互相谈论，甚至来回走动，影响其他同学进行实验等。诸如此类的例子，在中学化学学生实验课的教学实际中屡见不鲜。

明白了产生学生分组实验课堂中出现的"闹、乱"现象的原因后，对症下药，这些表面的"闹、乱"现象是很容易控制的。

要控制学生分组实验中的"闹、乱"现象，首先，教师要做好实验课前的准备工作，包括三项：一是充分准备好实验仪器、实验药品和器材，将实验仪器、实验药品等有序放置，保持实验室的清洁、整齐；并根据实验内容的多少和难易程度，以及实验室的设备情况，事先将全班学生进行合理分组。分组时应尽量照顾到每个学生，使每个学生都有动手操作的机会，防止分组过大；否则将会造成某些学生在课堂上只能做"观察员"或"记录员"。二是要设置一定量的实验思考题，指导学生课前预习实验教材和复习有关章节内容。要求学生在预习中做到明确实验目的，搞清实验内容，并理解实验基本原理、实验操作步骤、实验装置和注意事项（包括操作、仪器的使用和安装、药品用量、观察现象、废物处理、安全防护等各方面的注意事项）。三是做好学生分组实验前的预试，这样对学生在实验过程中可能出现的各种情况有个大致的预估，就可以在学生进行实验操作前，向学生交代必要的注意事项。其次，教师在学生分组实验时要做好课中巡视指导工作，包括两项：一是根据课前准备及实验预试，巡视并检查学生实验完成情况；二是及时指出并纠正学生在实验中的操作错误。

要使学生分组实验课起到该有的课堂教学效果，不能仅限于控制住课堂中的"闹、乱"现象，教师还应该准确认识学生在实验过程中的心理活动特征，让学生在进实验室之前有目的、实验过程中有分工和任务、实验操作中有计划和步骤、实验完成时有结果、实验结束后有思考或创新。

根据学生对实验认识过程的心理活动特征，可以把学生对实验认识的发展过程划分为五个阶段：直觉感知阶段、思索探求阶段、动手操作阶段、串联总结阶段、创造设计阶段。

现以人教版高中化学必修 2 第二章第二节《化学能与电能》的教学为例，把五个阶段中学生的心理活动特征及每一阶段的具体做法、目的综述如下：

1. 直觉与启示——直觉感知阶段（启发实验）

教学开始时，学生的心理活动特征是：急于了解本节知识的大概内容，特别想知道本节有哪些有趣的实验，表现出对各种实验有浓厚的兴趣，喜欢观察鲜明、生动、不平常的现象，在观察实验过程中，他们的心理活动特征是好奇、乐看，急于了解实验中出现各种现象变化的原因，要求解惑的心理极为迫切。根据这一特征我设计了第一阶段。

具体做法是：

在学习这一节的开始，由教师指导学生完成一系列实验操作：铜片与稀硫酸、锌片与稀硫酸等；这两个实验是从过去的已知实验入手，逐步向本章所涉及的未知实验过渡，把所要演示的实验分成若干组，同组实验相似，组与组间注意层次发展。演示实验的同时，根据学生想知道实验现象的原因、急于解惑的心情，及时提出若干思考题：哪个实验有现象？有现象的实验除了生成新物质有无能量变化？……在一系列的为什么、是什么的敦促下，学生有条理地思索问题。

本阶段的目的：

通过已经学习过的旧知识及生活、生产中与本章知识有联系的知识，挖掘富有启发性的实验，通过大量的声、光、色、电、嗅等感官刺激，使学生在每章知识学习开始时便在感官上承受大量感性刺激，获得大量感性信息，在大量感性信息的刺激下，促使大脑进行积极的思索，产生形象思维。同时，引起学生的好奇、怀疑、困惑和矛盾，创设研究问题的情境，巧妙布阵、设置悬念，使学生在每一章学习开始时处于想知道又不知道，想弄明白又糊涂的状态。学生为寻求解决悬而未决的实验带来的疑问及若干思考题的答案，产生学习本章知识的强烈要求。

2. 读书与思考——思索探求阶段（准备实验）

思索探求阶段学生的心理活动特征是：在第一程序中通过观察实验产生要求解惑的心理活动没有得到满足，他们迫切要求解决悬而未决的问题，他们急切盼望老师能把有关实验加以解释而获得解疑，学生的求知欲望不断增强。根据此阶段特征，我设计了第二阶段。

具体做法：

在学生处于愤悱状态时，老师应明确告诉学生，第一程序所产生的疑问在课本中均有解释，要求学生带着悬而未决的问题仔细阅读课本。根据预先发放的教师设计的程序提纲，由学生通读全章。在读书过程中，要求学生对全节内容进行三读：一粗读（粗略了解全节知识主要内容），二细读（细致地阅读本节内容，在细读中做到点、画、勾、批、摘、问、结，深入地钻研课本知识，仔细阅读课本中出现的有关实验，了解实验目的、操作、现象、结论），三精读（摘录重点、填写提纲、提出问题、文字积累）。在学生三读过程中，教师巡回指导、检查、搜集问题。

本阶段的目的：

通过粗读→细读→精读，课本由薄→厚→薄，学生的视野开阔了，考虑问题有了新的角度和思路，培养了学生的自学能力。通过自己预习、自己总结，学生及时发现问题，提高对问题的辨析能力，起到"启其思、广其视"的作用。

3. 讨论与实验——动手操作阶段（操作实验）

动手操作阶段学生的心理活动是想了解一下自己掌握的知识如何，问题的理解是否正确？在自学中又有许多新的疑问，需要一种场合、创造一定条件，同学之间、师生之间相互研究、共同探讨一些问题。在启发实验的诱导、准备实验的激发下，学生已不满足去看、去观察各种现象，他们试图通过自己的活动去对各个实验施加影响，要求自己独立操作，希望能自己动手把课本规定完成的实验，按照一定的实验程序把书本中需学习的化学变化演示出来。

具体做法：

教师先设置实验程序提纲：①锌片与稀硫酸反应属于何种反应类型？这类反应的本质是什么？②如何证明锌片与稀硫酸反应过程中有电子的转移？③将铜片和锌片不连接同时放入盛有稀硫酸溶液的烧杯中有何现象？④将铜片与锌片连接后同时放入盛有稀硫酸溶液的烧杯中与前一实验有无明显区别？⑤将铜片与锌片用电流计连接后同时放入盛有稀硫酸溶液的烧杯中有何现象？……然后分别由不同的学生在讲台上做重点发言，对发言的学生要求观点明确、语言简练、条理清楚、表达自然。重点学生发言之后，听者对发言的同学提出不同的意见或咨询，言者与听者相互讨论、明辨是非。在讨论中可能出现四种情况：①讨论的问题是重难点，及时引导学生进行深入的讨论，得出明确的答案，使知识落实，重点突出、难点突破；②边边角角的非重点内容，不宜引导讨论，注意提高课堂密度；③超越中学生应掌握的范围，不予引导讨论；④在学术界有争论的问题，把争论的焦点告诉学生，使有志于化学研究的学生去探讨，不宜引导全班讨论。

凡是讨论实验操作，一律由学生按照要求独立进行操作。在学生进行实验操作前应向全班学生交代实验目的、所用仪器、药品、操作顺序；实验操作时要让学生及时报告在实验中出现的正常及反常现象；实验完毕，得出结论，写出有关化学方程式。在学生独立操作实验前，教师应对仪器、药品做充分的准备，实验中给予耐心的辅导。

本阶段的目的：

通过讨论，能充分发挥教师的主导作用和学生的主体作用，使知识掌握牢固、能力得到培养、问题解决透彻、课堂气氛活跃。实验过程中学生的独立操作满足了学生急切动手的心理要求，学生学习化学兴趣大增、情感热烈，使化学学习的兴趣能持续下去。

4. 总结与练习——串联总结阶段（串联实验）

串联总结阶段学生的心理活动是：已不满足掌握孤立的、单个的知识环，而想把知识环总结成知识链，形成系统知识；不满足于观察和动手操作实验，而是想通过观察和操作去认识事物之间的因果关系和本质联系，想了解自然现象的内在规律，想把各个单个实验进行总结配套，实现实验系列化。由于掌握了比较扎实的基础知识，学生对能否用知识去解决一些实际问题，心中无数，急需一些练习，做客观的检查。

具体做法是：

讨论完整节知识后，进行本节知识小结（采取图示法、对比式、联系式），把本节完成的实验以电子转移为串联线索，把孤立的、单个的化学实验串联起来，形成实验系列：Cu－Zn 稀硫酸原电池、Cu－Zn 硫酸铜原电池、C－Fe 稀硫酸原电池等。每节后面，设置一节完整的配套练习题，练习题按知识的层次、能力的梯度安排，基本题、灵活题、综合题按一学、二练、三提高加以安排，让学生进行练习。

本阶段目的：

使知识进一步落实，在使知识落实及系统化的过程中培养学生的概括总结能力、思维发展能力，进一步巩固学生学习化学的积极性，起到"练其毅、增其识"的作用。

5. 考核与创新——创造设计阶段（创新实验）

创造设计阶段学生的心理活动是：不满足于了解局部的自然现象之间的相互联系和规律，开始产生亲自进行一些创造性的实验和观察活动，想把已学到的一些知识用来发现一些未知的知识的心理，萌发了设计新实验的意识。

具体做法：

本节学习完毕，学生根据本节知识的内容设计一个新实验，新实验既与本节内容有关，又不是本节内容的某个实验重复，而是源于课本、高于课本，如水果电池、燃料电池。在设计中，可以看参考书，编写出实验计划，经教师审阅、帮助修改、提供仪器、药品，进行实验研究，甚至可以写出实验小论文。

本阶段的目的：

培养学生的应变能力、解决实际问题的创造能力，使知识掌握灵、活、深，起到"愤其志、创其新"的作用。

遵循学生在学习中的心理活动特点，依据学生的认识规律，从满足要求出发向不满足要求过渡，把实验贯穿始终，设计了五个阶段，使学生认识的通过诱发阶段（启发实验）→准备阶段（准备实验）→探讨阶段（操作实验）→整理阶段（串联实验）→发展阶段（创新实验），一步一步把学生引导到掌握知识的高峰。

论 "习题的命制"

习题包括"课堂反馈习题""课后习题（课后作业）""考试试题"等几种类型。"课堂反馈习题"在前面的章节已经阐述，本章就"课后习题（课后作业）"的设置、课后作业的批改、"考试试题"的命制进行阐述。

第一节 "课后习题（课后作业）"的设置

课堂教学结束，布置课后作业是必不可少的环节。合理适量的课后作业是课堂教学的延伸，是学科知识学习过程和学习活动的一部分，是提高学生课堂学习效率的重要途径，也是检测课堂学习效果的有效方法。

设置有效的课后作业，要紧扣课堂教学内容，围绕课堂教学重点，从简到繁，由易到难，数量少而质量精。这就要求教师在设计作业前认真思考，精心设计，有目的有计划地设计作业。我认为要设计有效的课后作业，应从以下几个方面着手：

一、精选教辅用书，严控作业数量

现在，绝大多数教师在布置课后作业时，青睐于采用现成的教辅用书或资料，而市场上各类教辅用书或资料种类繁多，质量良莠不齐。这就要求教师在给学生配备教辅用书或资料时要精心挑选，严把质量关。在条件允许的情况下，最好的方式是教师自己设计、设置、挑选、印制课后练习题。当然这样做，教师的工作量会增加很多，但可以采用同一个年级的备课组的多位教师分工合作的方式：教师根据学生的实际情况，先行讨论确定练习题设置或设计的原则和整体难度，然后将工作任务分摊细化。这样通力合作，设置出的练习题更适合本校的教学实际，针对性更强，效果也会更好。

高中学生所学科目十多种，其中有课后作业的学科至少有五六门，学生在课后用于完成课后作业的时间是有限的。按照化学学科在高中阶段的学分设置和学科定位，学生用于化学学科课后作业时间一般不超过 30 分钟。所以，教师在布置化学课后作业时，要严格控制作业的数量。我认为，一份适量的高中化学课后作业，其练习题数量一般控制在 11～15 道，其中选择题 8～10 道，非选择题 3～5 道，甚至更少。比如，在完成人教版高中化学选修 4 第二章第二节《化学反应速率》第一课时的课堂教学后，编选设置如下课后作业：

1. 下列说法错误的是（　　）。

① 当碰撞的分子具有足够的能量和适当的取向时，才能发生化学反应；②发生有效碰撞的分子一定是活化分子；③活化分子间的碰撞一定是有效碰撞；④活化分子间每次碰撞都发生化学反应；⑤能发生有效碰撞的分子必须具有相当高的能量。

A. ①④ 　　　　　B. ③④ 　　　　　C. ④⑤ 　　　　　D. ②⑤

2. 下列说法不正确的是（　　）。

A. 增大反应物浓度，活化分子百分数增大，有效碰撞次数增多

B. 增大压强，单位体积内气体的活化分子数增多，有效碰撞次数增多

C. 升高温度，活化分子百分数增加，分子运动速度加快，有效碰撞次数增多

D. 催化剂能降低反应的活化能，提高活化分子百分数，有效碰撞次数增多

3. 对于反应 $C(s)+H_2O(g)=CO(g)+H_2(g)$，其他条件不变时，下列措施不能改变化学反应速率的是（　　）。

A. 减小 $C(s)$ 的量 　　　　　B. 增大 $H_2O(g)$ 的浓度

C. 增大 $CO(g)$ 或 $H_2(g)$ 的浓度　　D. 减小 $H_2O(g)$ 的浓度

4. 减小反应容器的体积而使压强增大，该方法对下列化学反应的速率无影响的是（　　）。

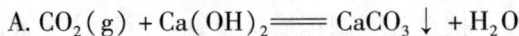

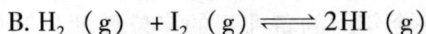

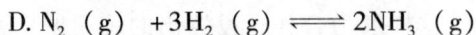

A. $CO_2(g) + Ca(OH)_2 \rightleftharpoons CaCO_3\downarrow + H_2O$

B. $H_2(g) + I_2(g) \rightleftharpoons 2HI(g)$

C. $NaCl + AgNO_3 \rightleftharpoons AgCl\downarrow + NaNO_3$

D. $N_2(g) + 3H_2(g) \rightleftharpoons 2NH_3(g)$

5. 四个试管中都装有 5mL $0.1mol \cdot L^{-1}$ $Na_2S_2O_3$ 溶液，分别在不同温度下加入 $0.1mol \cdot L^{-1}$ 硫酸和一定量水，最先出现浑浊的是（　　）。

A. 20℃，10mL 硫酸　　　　　　　B. 20℃，5mL 硫酸和 5mL 水

C. 30℃，10mL 硫酸　　　　　　　D. 30℃，5mL 硫酸和 5mL 水

6. 已知反应：$2NO(g) + Br_2(g) \rightleftharpoons 2NOBr(g)$

$\Delta H = -a$ kJ·mol^{-1}（$a > 0$），其反应机理如下：

① $NO(g) + Br_2(g) \rightleftharpoons NOBr_2(g)$ 快；

② $NO(g) + NOBr_2(g) \rightleftharpoons 2NOBr(g)$ 慢。

下列有关该反应的说法正确的是（　　）。

A. 该反应的速率主要取决于①的快慢

B. $NOBr_2$ 是该反应的催化剂

C. 正反应的活化能比逆反应的活化能小 a kJ·mol^{-1}

D. 增大 $Br_2(g)$ 浓度能增大活化分子百分数，加快反应速率

7. 下列措施能明显增大化学反应速率的是（　　）。

A. 钠与水反应增大水的用量

B. 将稀硫酸改为 98% 的浓硫酸与锌反应制取氢气

C. 在硫酸溶液与氢氧化钠溶液反应时，增大压强

D. 恒温恒容条件下，在合成氨反应中增加氮气的量

8. NO 和 CO 都是汽车尾气中的有毒气体，它们之间能缓慢反应生成 N_2 和 CO_2。下列对于该反应的说法正确的是（　　）。

A. 减小压强能增大反应速率　　　　B. 使用适当催化剂能增大反应速率

C. 升高温度不能增大反应速率　　　　D. 增大压强对该反应速率无影响

9. 在相同条件下，做 H_2O_2 分解对比实验时，其中①加入 MnO_2 催化；②不加 MnO_2 催化。下图是反应放出 O_2 的体积随时间的变化关系示意图，其中正确

的是（　　）。

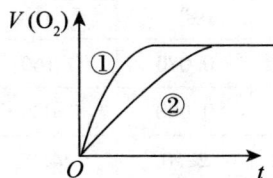

A

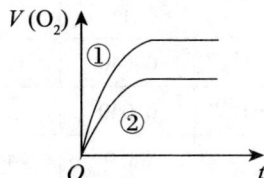

B

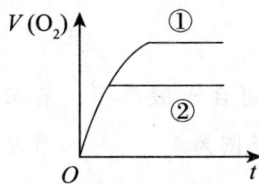

C

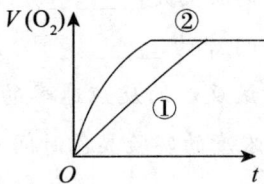

D

10. 把在空气中久置的铝片 5.0g 投入盛有 500mL 0.5mol·L^{-1} H$_2$SO$_4$ 溶液的烧杯中，该铝片与 H$_2$SO$_4$ 反应产生氢气的速率与反应时间的关系可用下图所示的曲线来表示，回答下列问题。

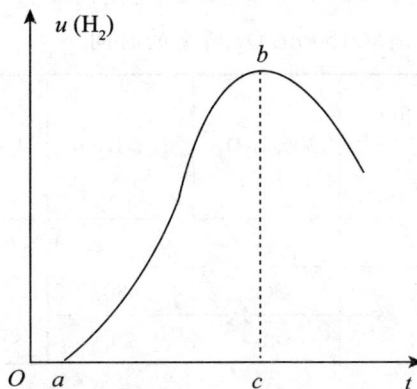

（1）曲线 O→a 段，不产生氢气的原因是_____。

有关反应的化学方程式为_____。

（2）曲线 a→b 段，产生氢气的速率增大的主要原因是_____。

（3）曲线上 b 点之后，产生氢气的速率逐渐减小的主要原因是_____。

11. 碘钟实验中，$3I^- + S_2O_8^{2-} \longrightarrow I_3^- + 2SO_4^{2-}$ 的反应速率可以用 I_3^- 遇加入的淀粉溶液显蓝色的时间 t 来度量，t 越小，反应速率越大。某探究性学习小组在20℃进行实验，得到的数据见下表：

实验编号	①	②	③	④	⑤
$c(I^-)$ /mol·L^{-1}	0.040	0.080	0.080	0.160	0.120
$c(S_2O_8^{2-})$ /mol·L^{-1}	0.040	0.040	0.080	0.020	0.040
t/s	88.0	44.0	22.0	44.0	t_1

回答下列问题：

（1）该实验的目的是_____。

（2）显色时间 t_1 为_____。

（3）温度对该反应的反应速率的影响符合一般规律，若在40 ℃条件下进行，编号③对应浓度的实验显色时间 t_2 的范围为_____ s（填字母）。

A. <22.0   B. 22.0~44.0

C. >44.0   D. 数据不足，无法判断

（4）通过分析比较上表数据，得到的结论是_____。

12. 某课外兴趣小组对 H_2O_2 的分解速率做了如下实验探究：

（1）下表是该小组研究影响过氧化氢（H_2O_2）分解速率的因素时采集的一组数据：用 10mL H_2O_2 制取 150mL O_2 所需的时间。

时间/s 浓度 反应条件	30% H_2O_2	15% H_2O_2	10% H_2O_2	5% H_2O_2
（Ⅰ）无催化剂、不加热	几乎不反应			
（Ⅱ）无催化剂、加热	360	480	540	720
（Ⅲ）MnO_2 催化剂、加热	10	25	60	120

① 该小组在设计方案时，考虑了浓度：a _____、b _____等因素对过氧化氢分解速率的影响。

② 从上述影响 H_2O_2 分解速率的因素a和b中任选一个，说明该因素对该反应速率的影响：_____。

（2）将质量相同但颗粒大小不同的 MnO_2 分别加入 5mL 5% 的过氧化氢中，并用带火星的木条测试。测定结果如下：

催化剂（MnO_2）	操作情况	观察结果	反应完成所需的时间
粉末状	混合不振荡	剧烈反应，带火星的木条复燃	3.5min
块状		反应较慢，火星红亮但木条未复燃	30min

① 写出 H_2O_2 发生反应的化学方程式：_____。

② 实验结果说明催化剂作用的大小与_____有关。

这套课后作业，包含9道选择题、3道非选择题，题量合理适中。涉及的知识点包含了课堂教学涵盖的所有知识点，具体有：活化分子与有效碰撞理论（选择题第1、2题），外界因素对化学反应速率的影响（选择题第3~6题），化学反应速率影响因素的相关综合（选择题第7~9题），化学反应速率影响因素的相关图象（第10题），化学反应速率影响因素的实验探究（第11、12题）。

二、合理设计题型，难度递进有序

根据高中学生的思维认知特点、高中化学学科知识呈现方式，以及现行高中教育质量检测及评估办法，高中化学课后练习题及考试试题的题型一般包含选择题（客观试题）和非选择题（多为填空的形式）。其中，选择题以常识知晓、概念辨析、理论理解等内容为主。非选择题多用于完整的实验过程、实验结果考核，以物质性质推理、物质的实际应用、化学原理的理解、化学模型的建立过程等内容的考查考核为设问点。各种题型所涉及的知识点应该包含绝大部分的课堂教学内容。

学生用于完成课后作业时间的多与少不仅和作业的数量有关，与作业的难度也有极大的关系。所以教师在设置课后作业时，为了控制学生完成作业的时间，就必须在控制作业数量的同时把控作业的难度和新颖度。在难度控制上，一般按照6∶3∶1或7∶2∶1的比例分布"容易""中等""较难"三个难度档次的习题。其中"容易"难度档次的试题，用于课堂教学内容的简单归纳与回顾；"中等"难度档次的习题，用于课堂教学知识巩固与强化记忆；"较难"难度档次的习题，用于课堂教学知识的延伸与提高。对于一些常见的经典习题，在课后作业中值得保留，不用忌讳此类试题的陈旧，因为"习题"的陈旧与否很多时候是针对教师而言的，一些习题上届学生用了，对他们和他们的老师来说是陈旧的，但对于新一届的学生而言，他们以前没有接触过，所以对这些新一届学生来说，陈题也是新的。比如，有道这样的习题：

为了验证木炭可被浓 H_2SO_4 氧化成 CO_2，选用下图所示仪器（内含物质）组装成实验装置。

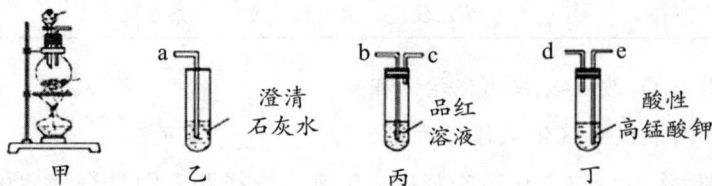

(1) 如按气流由左向右流向，连接上述装置的正确顺序是（填各接口字母）：_____ 接_____，_____ 接_____，_____ 接_____。

(2) 仪器乙、丙应有怎样的实验现象才表明已检验出二氧化碳（CO_2）？
乙中_____，丙中_____。

(3) 丁中酸性 $KMnO_4$ 溶液的作用是_____。

(4) 写出甲中反应的化学方程式_____。

这道习题与浓硫酸的性质相关，是一道非常经典的习题。之所以经典，是因为这道题有关浓硫酸与非金属单质碳反应的方方面面都有涉及：①浓硫酸与碳反应的产物；②浓硫酸与碳反应后各种产物的性质及检验方法；③各种产物间检验的先后顺序。学生要想正确完整地解答这道习题，就必须全面地掌握有关浓硫酸与碳反应的知识。在后面学习了"乙烯"的相关知识之后，也会有与此题相似的习题。这些题对于常年教学的教师而言，是"陈题""老题"，但对于每一届的学生而言，是"新题"，是实用的经典习题，是非常有价值的一道习题。再比如，在学习了离子方程式的书写的相关内容时，有一道习题是：写出 $CaCO_3$ 与稀 CH_3COOH 溶液反应的离子方程式。这道习题是高考中的高频试题，只是每次的设问方式会有所不同。之所以这样，就是因为"$CaCO_3$ 与稀 CH_3COOH 溶液反应的离子方程式"涉及了离子方程式书写时各种物质的拆写与否，包括有难溶物（碳酸钙）、弱电解质（醋酸和水）、可溶性盐类（醋酸钙）等。

三、重视作业实效，杜绝机械重复

如前所述，学生用于完成化学学科课后作业的时间是有限的，因此，教师在布置课后作业时，还要注重作业的实效性，坚决杜绝机械重复的练习题出现在课后作业中。

注重实效性，必须减少那些纯记忆性的作业。比如，在学习了人教版高中化学必修1第一章第一节《物质的分离和提纯》之后，布置的课后作业中，有一道这样的习题：利用混合物中各组分的_____不同，除去液态混合物中的_____、_____或_____的杂质的方法叫蒸馏。这道练习题是纯粹的教材中有关概念描述的镂空填空，作为课前预习教材用勉强可以，但作为课后练习题则起不到练习题该有的作用，要完成它学生只需照抄教材填空，不需任何思考。

杜绝机械重复，就是不要在同一份课后作业中出现知识点相同、设问方式相同、题型相同的试题。对于一些重点知识，在课后作业中可以多次出现，但设问方向、设问方式、题型等应不尽相同。比如，在学习了人教版高中化学选修4第二章第一节《化学反应速率》之后，布置的课后作业中有两道这样的练习题，第一道，反应 $mA(g)+nB(g)=wC(g)$ 中，在同一时间段内测得 A 每分钟减少 $0.15mol \cdot L^{-1}$，B 每分钟减少 $0.05mol \cdot L^{-1}$，C 每分钟增加 $0.1mol \cdot L^{-1}$，则下列叙述正确的是（　　）。

A. 在体积和温度不变的条件下，随着反应的进行，压强逐渐增大

B. 化学计量数之比是 $m:n:w=3:1:2$

C. 单位时间内反应物浓度的减少等于生成物浓度的增加

D. 若在前10s内A减少了 x mol，则在前20s内A减少了 $2x$ mol

第二道，将等物质的量的A和B，混合于2L的密闭容器中，发生如下反应：$3A(g)+B(g)=x C(g)+2D(g)$，5min 后测得 $c(D)=0.5mol \cdot L^{-1}$，$c(A):c(B)=3:5$，C 的反应速率是 $0.1mol \cdot L^{-1} \cdot min^{-1}$。

① A 在5min 末的浓度是_____；② $v(B)=$_____；③ $x=$_____。

这两道练习题均涉及本节课的教学重点"反应物、生成物浓度的变化及化学反应速率之比等于化学方程式中化学计量数之比"。但两道练习题的设问方向、方式及题型不同。这样的"雷同"练习题则可以多次出现。

第二节 论"作业批改"

批改作业是教师日常教学中的一项常规工作，是教师课堂教学工作的延续与补充。它对于指导学生学习、检测课堂教学效果、调整课堂教学方案与教学策略、加强师生交流、增进师生感情等都发挥着至关重要的作用。

作业有课堂反馈作业、课后作业、阶段性（单元）检测等不同形式，不同类型的作业，教师批改的方式也会有所不同。

课堂反馈作业，一般可在课堂完成学生的作答，作答方式可采用学生竞答或小组分工合作完成，教师的批改方式可以是当堂集体批改或者学生小组合作互相批改。当堂集体批改，工作效率高效果好，它可以当堂检测学生的学习效果。同时因学生当堂知道自己的答题情况，可以极大地调动学生的答题积极性。学生小组间互批，一般是将学生分成几人一组，组内学生交叉批改其他同学的作业。这种批改方式因为批改及时，所以比较适合课堂反馈作业。小组的学生通过批改其他同学的作业，反思自己的正误，增进同学间的了解，加深同学情谊。

课后作业，要求学生在课余时间完成，作业的批改多是在作业布置后的一段时间内完成。批改的方式可以是教师的当面批改、教师的卷面批改、学生自改自批等。

教师的当面批改，一般是针对教学中的重点和难点内容进行的相关练习的作业，要求学生做到人人过关，教师利用课外时间及时与学生面对面地逐题批改，及时指出学生在作业中出现的错误，并让学生弄清错误的原因，且要求学生随后将错误进行订正。

教师的卷面批改，是教师对学生的卷面作业完成情况进行检查批改，根据学生作业完成的数量和质量给予一定的等级评价或者赋分，这种批改方式又分为"精批"和"粗改"。"精批"一般针对的是检测性的作业，对学生的作答，不仅要给出"对"与"错"的判断，还得根据"对"与"错"的相对量，给出具体的赋分或等级。"粗改"针对的是一般性的课后作业，主要检查的是学生作业的完成量，并根据完成量的情况给予一定的等级评价，如 A、B、C……或优秀、良好……

学生的自批自改，是要求学生在完成作业后，参照参考答案自己进行批改。这种批改方式最大的优点在于让学生对自己做的作业自审自查，让学生能及时地了解自己对已学知识的掌握情况，了解自己在作业过程中出现的各种错误的原因：哪些是粗心大意（非智力因素）造成的（这对于学生克服在学习当中常有的马虎大意、缺乏自我检测习惯的问题有很大的促进作用），哪些是因为知识掌握不全或理解不透彻造成的（这有助于学生在后续学习过程中找准用力的方向）。这种批改方式也能让学生在看到一个个的"√"时，体会学习带来的快乐和自信，从而进一步激发学生的学习兴趣和学习动力。

以上几种作业批改方式中，教师的当面批改和教师的卷面批改，都涉及教师与学生的交流互动。从心理学角度来说，学生在学习活动中，普遍存在着希望有机会表现自己学习能力的欲望，若是自己在学习上的表现能够获得任课教师的适度肯定或赞许，他们就会产生心理满足和情感愉快，从而激发更大的学习热情。而作业给了他们这种机会，作业是他们用书面形式向老师汇报，再与老师单独"见面"的机会。教师的作业批改，及时纠正他们在知识认知上的偏差，会让他们深感老师倾注给自己的一份关怀和爱护，得到一份动力。教师的当面批改是教师与学生面对面地直接交流，其中有语言、有眼神、有表情、有动作等的交流，交流过程中，作为老师比较容易根据学生的反应及时地调整交流的方式、语言的轻重等。我认为，在交流中，对于学生的长处和亮点，应该毫不吝啬溢美之词；对于学生的不足与错误，应因人因事因时采用不同的方式和语言。对于腼腆或内向或初次出错的学生，该和风细雨式，委婉地指出其不足之处；对于直爽或外向或屡错难改的学生，可以直接指出其错误并责其限时订正或修改。

教师的卷面批改重点是批改学生作业中的正确与错误，但偶尔也该有教师与学生的纸笔书面交流或书面批注。对于作业完成数量和质量一贯表现较好的学生，在标注了等级或赋分之后，偶尔写上几句简单的诸如"很好!""非常棒!""不错，继续坚持!"等表扬性的词句，会让学生感受到老师对其的肯定和鼓励，从而进一步激发学生的学习积极性，进一步增强学生对老师的亲切感……对于作业完成数量和质量不太令人满意的学生，教师在批改后，写上几句："为什么会这样呢？""你怎么啦？有什么需要老师帮助的吗？""加油哦！""你很聪明，但没把聪明用于学习上。"等话语，会让学生感知到老师对他的关心和在意，从而增进师生情感，为他后续的进步扫除情感障碍（所谓亲其师则信其道）。

第三节 论"考试试题"的命制

很长时间以来，中小学学科教育主要包括学科知识教学与教学评价，而教学评价多是通过考试来实施的。中学阶段的学科考试，有阶段性的学业水平考试和终结性的选拔考试。阶段性的学业水平考试，主要目的是检测学生对已学知识的掌握情况和学生的学业发展水平。终结性的选拔考试主要是为上一级学校或院校选拔人才或生源，也即现在的"中考"和"高考"。终结性的选拔考试命题不属于我们中学教师的工作范畴，有专门的教育部门组织实施。在本节，我着重阐述，作为中学化学教师如何进行阶段性的学业水平考试试题的命制。

阶段性学业水平考试包括学科的单元检测、期中考试、期末考试等。其主要目的是检测学生对已学知识的掌握情况，不应过分强调甄别和选拔的功能，最终目的是要促进学生的学业水平提高，帮助教师调整教学方法。

教师在进行考试试题的命制时，主要要思考以下几个问题：

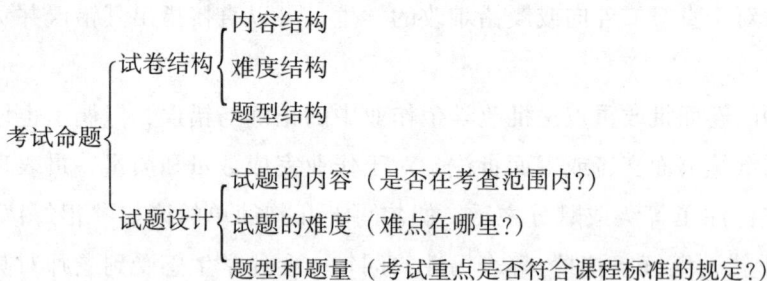

```
考试命题 ┬ 试卷结构 ┬ 内容结构
         │          ├ 难度结构
         │          └ 题型结构
         └ 试题设计 ┬ 试题的内容（是否在考查范围内？）
                    ├ 试题的难度（难点在哪里？）
                    └ 题型和题量（考试重点是否符合课程标准的规定？）
```

命制试题思考的问题

教师命制一套学生学业发展水平测试试卷的流程一般是：

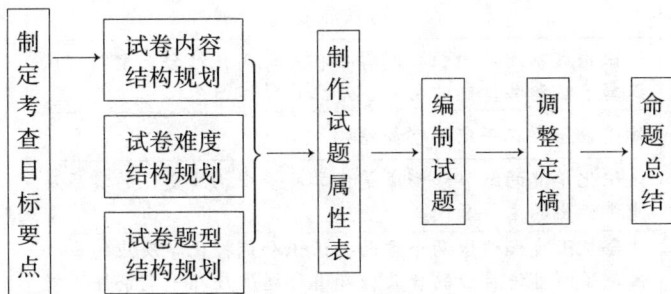

```
┌──────┐   ┌──────┐
│制定考│   │试卷内容│
│查目标│ → │结构规划│─┐
│要点  │   └──────┘ │  ┌──┐   ┌──┐   ┌──┐   ┌──┐
│      │   ┌──────┐ │  │制作│   │编制│   │调整│   │命题│
│      │ → │试卷难度│─┼→│试题│ → │试题│ → │定稿│ → │总结│
│      │   │结构规划│ │  │属性│   └──┘   └──┘   └──┘
│      │   └──────┘ │  │表 │
│      │   ┌──────┐ │  └──┘
│      │ → │试卷题型│─┘
└──────┘   │结构规划│
           └──────┘
```

命制试卷的流程

下面我以命制一套高一下学期期末考试试题（教学内容为人教版高中化学必修2）为例，就以上几个方面逐一进行阐述。

教师在进行考试命题时，首先考虑的是试卷结构的设计。其中包括考试内容结构（考查的目标要点）、试卷整体难度预估、试卷包含哪几种题型等问题。其次是对考试试题进行设计。其中包括对试题所涉及的学科核心素养和核心知识点的涵盖量、试题的有效性等问题。

一、试卷结构

1. 确定所考查知识内容的结构（各单元知识所占比例）

根据教育部颁发的《普通高中化学课程标准（2003年）》的规定，高一下学期学习内容（高中化学必修2教材）包含的3个主题27项学科知识内容如下：

主题1：物质结构基础及化学反应规律

知识大类	内容要求	教材中的位置
原子结构与元素周期律	认识原子结构、元素性质与元素在元素周期表中位置的关系。知道元素、核素的含义，了解原子核外电子的排布。结合有关数据和实验事实认识原子结构、元素性质呈周期性变化的规律，建构元素周期律	第一章第一、二节
	知道元素周期表的结构，以第三周期的钠、镁、铝、硅、硫、氯，以及碱金属和卤族元素为例，了解同周期和主族元素性质的递变规律	
	体会元素周期律（表）在学习元素及其化合物知识及科学研究中的重要作用	

续表

知识大类	内容要求	教材中的位置
化学键	认识构成物质的微粒之间存在相互作用，结合典型实例认识离子键和共价键的形成，建立化学键概念	第一章第三节
	知道分子存在一定的空间结构	
	认识化学键的断裂和形成是化学反应中物质变化的实质及能量变化的主要原因	
化学反应的限度和快慢	体会从限度和快慢两个方面去认识和调控化学反应的重要性。了解可逆反应的含义，知道可逆反应在一定条件下能达到化学平衡状态	第二章第三节
	知道化学反应平均速率的表示方法，通过实验探究影响化学反应速率的因素	
	认识化学变化是有条件的，学习运用变量控制方法研究化学反应，了解控制反应条件在生产和科学研究中的作用	
化学反应与能量转化	认识物质具有能量，认识吸热反应与放热反应，了解化学反应体系能量改变与化学键的断裂和形成有关	第二章第一、二节
	知道化学反应可以实现化学能与其他能量形式的转化，以原电池为例认识化学能可以转化为电能，从氧化还原反应的角度初步认识原电池的工作原理。体会提高燃料的燃烧效率、开发高能清洁燃料和研制新型电池的重要性	
学生必做实验	同周期、同主族元素性质的递变规律	
	化学反应速率的影响因素	
	化学能转化为电能	

主题2：简单的有机化合物及其应用

知识大类	内容要求	教材中的位置
有机化合物的结构特点	知道有机化合物分子是有空间结构的，以甲烷、乙烯、乙炔、苯为例认识碳原子的成键特点，以乙烯、乙醇、乙酸、乙酸乙酯为例认识有机化合物中的官能团	第三章
	知道有机化合物存在同分异构现象	
典型有机化合物的性质	认识乙烯、乙醇、乙酸的结构及其主要性质与应用；结合典型实例认识官能团与性质的关系，知道氧化、加成、取代、聚合等有机反应类型	
	知道有机化合物之间在一定条件下是可以转化的	
有机化学研究的价值	知道合成新物质是有机化学研究价值的重要体现。结合实例认识高分子、油脂、糖类、蛋白质等有机化合物在生产、生活中的重要应用	
学生必做实验	搭建球棍模型，认识有机化合物分子结构的特点	
	乙醇、乙酸的主要性质	

主题3：化学与社会发展

知识大类	内容要求	教材中的位置
化学促进可持续发展	认识到化学科学与技术对我国走生产发展、生活富裕、生态良好的文明发展道路将发挥重要作用，树立建设美丽中国，为全球生态安全做出贡献的信念	第四章
	结合实例认识化学科学与技术合理使用的重要性。认识化学科学与技术的不断创新和发展是解决人类社会发展中遇到的问题，实现可持续发展的有效途径。树立"绿色化学"的观念。结合实例认识化学原理、化工技术对于节能环保、清洁生产、清洁能源等产业发展的重要性。树立"绿色化学"的观念，形成资源全面节约、物能循环利用的意识	
化学科学在材料科学、人类健康等方面的重要作用	知道金属材料、无机非金属材料、高分子材料等常见材料类型，结合实例认识材料组成、性能及应用的联系。体会化学科学发展对于药物合成的重要意义，初步建立依据物质性质分析健康问题的意识	
化学在自然资源和能源综合利用方面的重要价值	结合合成氨、工业制硫酸、石油化工等实例了解化学在生产中的具体应用，认识化学工业在国民经济发展中的重要地位。以海水、金属矿物、煤、石油等的开发利用为例，了解依据物质性质及其变化综合利用资源和能源的方法。认识化学对于构建清洁低碳、安全高效的能源体系所能发挥的作用，体会化学对促进人与自然和谐相处的意义	
化学在环境保护中的作用	认识物质及其变化对环境的影响，依据物质的性质及其变化认识环境污染的成因、主要危害及其防治措施，以酸雨的防治和废水处理为例，体会化学对环境保护的作用。了解关于污染防治、环境治理的相关国策、法规，强化公众共同参与环境治理的责任	
化学应用的安全与规则意识	认识经济发展与环境保护等的关系。树立自觉遵守国家关于化学品应用、化工生产、环境保护、食品与药品安全等方面法律法规的意识	

2. 对照课程标准和教学内容，编制"命题规划表"

"命题规划表"包括主题、考查内容、考查目标、认知水平（有记忆、理解、简单应用和综合应用四个等级）、试题类型等（以前是编制考试试卷的双向细目表，但现在发现，试卷的双向细目表比较简单，不能全面地反映试卷的整体结构和性质）。确定考试试卷的题型、题量、考试内容和预估难度等级（若是大型的区域性联合考试，可在试卷命制后，采取异地同等层次的学生实测的方法对试卷的难度进行测算）、规划所考查的能力结构（包括各能力的赋分或者权重）等。详细细目见下表。

×× 学校 ×× 学年高一下学期期末考试化学试卷命题规划表

主题	考查内容	考查目标	认知水平				题型	预估难度	分值	合计
			识记	理解	简单应用	综合运用				
主题1物质结构基础及化学反应规律	物质结构及常见化学用语	电子式、结构式、原子核外电子排布规律		√			选择题	0.75	3	59
	化学键	化学键的分类、共价和离子键及相关计算	√					0.75	3	
	周期表及金属的冶炼	核素、同位素，元素原子在周期表中的位置及金属的冶炼				√		0.55	3	
	元素周期律	元素周期表及元素周期律的应用		√				0.60	3	
	周期表、周期律的运用	根据周期表中的位置推断元素的相关性质				√		0.50	3	
	元素周期律	元素周期表和周期律的综合应用			√		填空题	0.60	10	
	化学反应速率和限度	化学反应速率的计算及化学平衡状态的判断			√		选择题	0.55	3	
	化学反应速率和反应限度	反应速率大小的比较、反应速率与化学平衡的关系		√				0.65	3	
	化学反应与能量	原电池形成条件、电极的判断等			√			0.55	3	
	化学键、化学反应与能量	化学键、化学反应与能量、简单有机物性质的综合考查		√				0.65	3	
	化学反应与能量	化学能与热能、化学反应速率的综合运用及相关计算			√		解答题	0.60	10	
	化学能与电能	原电池、燃料电池的综合运用，电极的判断、电极方程的书写与运用等			√		解答题	0.65	12	

主题	考查内容	考查目标	认知水平				题型	预估难度	分值	合计
			识记	理解	简单应用	综合运用				
主题2 简单的有机化合物及其应用	生活中的常见有机物	基本营养物质等的应用	√				选择题	0.80	3	23
	有机化合物	有机化合物的相关性质、分子式、反应类型等		√				0.60	3	
	有机化合物及实验	有机化合物的燃烧、实验等相关计算				√		0.45	3	
	生活中的常见有机物	乙醇、苯、四氯化碳等有机物的物理、化学性质的考查	√					0.60	3	
	有机化合物	有机反应推断、反应类型、方程式的书写、同分异构体书写等综合运用				√	解答题	0.60	11	
主题3 化学与社会发展	化学实验 开发利用海水资源	紫菜中提碘，化学实验原理与操作，过程与实验分析		√			实验题	0.65	9	15
	化学与环境保护	绿色化学、原子利用率的判断		√			选择题	0.75	3	
	资源综合利用	煤、石油化工的相关概念		√				0.70	3	
综合	化学实验	物质鉴别			√			0.65	3	3
	合计		9	30	41	20			100	

二、试题设计

完成了"命题规划表"的编制，便可以按表格的内容进行分工（多人命制一套试题），开始选编或设计试题。在选编或设计试题时要注意以下几个问题：

1. 考试试题必须围绕并体现对学科核心知识（主干知识）进行考查

任何一份考试试卷所涉及的知识内容都不可能涵盖所有的学科教学内容，因此，从某种角度说，考试就是一种抽样检测。既然是抽样检测，在题量有限的情况下，每道试题就应该尽可能多地涵盖学科教学的核心内容和核心素养。

比如，有两道试题如下：

第一道，元素周期表里金属元素和非金属元素分界线附近的元素可能用于（   ）。

    A. 制新农药   B. 制半导体材料   C. 制新医用药物   D. 制高温合金

第二道，短周期元素 X、Y、Z、W 在元素周期表中的相对位置如图所示，其中 W 原子的质子数是其最外层电子数的 3 倍。下列说法正确的是（   ）。

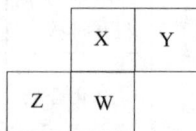

	X	Y
Z	W	

    A. 原子半径：$W > Z > Y > X$

    B. 含氧酸的酸性：$X > W > Z$

    C. 最简单气态氢化物的热稳定性：$Y > X > W > Z$

    D. 元素 X、Y 、Z、W 的最高化合价分别与其主族序数相等

这两道试题均涉及元素在周期表中的位置与性质的关系：第一道试题，只是教材内容的复述，记忆的成分多；第二道试题，元素在周期表中的位置与原子半径、主要化合价、对应的性质（气态氢化物稳定性、最高价含氧酸的酸性）等问题都有涉及，知识点多，且都是学科核心知识点。这样两相比较可知，第二道试题更适合作为期末考试试题。

2. 考试试题应尽可能体现对学生情感、态度、价值观的考查

虽说一般的纸笔测试试题缺乏对"情感"的有效评价功能，因为考生对情感问题的回答并不一定能反映其真实想法（只有被测试者不知道这是在进行情感测试时，"情感题"才有效，而通常情况下这是很难做到的），但试题内容应体现情感、态度与价值观目标，实现其教育功能。所以在设计考试试题时，可以刻意将一些有益于对学生进行情感、态度与价值观教育的素材植入试题作为背景。比如，我在命题时，正是我国女科学家屠呦呦获诺贝尔生理学或医学奖之年，我在设计考试试题时，设计如下试题：

2015 年 10 月 5 日，85 岁的中国女药学家屠呦呦因发现治疗疟疾的青蒿素，挽救了数百万患者的生命。青蒿素结构式如图所示。下列有关青蒿素的说法正确的是（   ）。

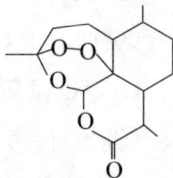

    A. 青蒿素的分子式为 $C_{16}H_{22}O_5$

    B. 提取植物中的青蒿素的方法是用有机溶剂萃取后蒸馏

    C. 青蒿素分子结构稳定，高温灼烧不易反应

D. 青蒿素是有机大分子，难溶于水、NaOH 溶液等，可发生取代反应

这道试题，学生答题的落脚点与诺贝尔奖无任何关系，但仍以屠呦呦获诺贝尔奖为背景，旨在增强学生的民族自豪感，让学生知道，我们中国人也有能力获得诺贝尔自然学科类的奖项，也有能力为人类的进步与发展贡献力量。

3. 试题设计应追求有价值的难度因素

所谓有价值的难度是指在试题的设计时，提倡在试题创设时联系实际的情境，通过题目条件表述的隐蔽性来实现题目的灵活性，而不是通过超纲或超教学进度导致学生答题难度增加。这种有价值的难度，必须控制题目条件的复杂程度，也不追求过度的严谨以至到钻牛角尖的地步，解答题目的心智技能应把握在适度水平，减少学生受以往解题经验的影响。比如，有这么一道试题：

在密闭容器中的一定量混合气体发生反应：x A（g）+y B（g）$\rightleftharpoons$ z C（g），达到平衡时，测得 A 的浓度为 $0.5\text{mol}\cdot\text{L}^{-1}$，在温度不变的条件下，将容器的体积扩大到两倍，再达到平衡，测得 A 的浓度降低为 $0.3\text{mol}\cdot\text{L}^{-1}$。下列有关判断正确的是（　　）。

A. $x+y<z$ 　　　　　　　B. 平衡向正反应方向移动

C. C 的体积分数降低 　　　D. B 的浓度增大

这道题中的隐蔽条件就是"将容器的体积扩大到两倍，再达到平衡，测得 A 的浓度降低为 $0.3\text{mol}\cdot\text{L}^{-1}$"，学生若不仔细审读题意，很容易认为"A 的浓度由 $0.5\text{mol}\cdot\text{L}^{-1}$ 变为 $0.3\text{mol}\cdot\text{L}^{-1}$"，A 的浓度减少了。实际上是在温度不变的条件下，将容器的体积扩大到两倍，若平衡不移动，则 A 的浓度为 $0.25\text{mol}\cdot\text{L}^{-1}$；体积扩大两倍再次达到平衡时 A 的浓度为 $0.3\text{mol}\cdot\text{L}^{-1}>0.25\text{mol}\cdot\text{L}^{-1}$，说明体积增大（减小压强），平衡向逆反应方向移动。这种因条件表达比较隐蔽，带来的答题难度增加就是一种有价值的难度。

追求有价值的难度，在一些选择题的选项的设置上体现得尤为突出。在选择题的各个选项中有些仅仅是数据或概念表达的不同也是无效的设计。

比如，有这样一道选择题：

某温度下，反应 $2N_2O_5 \Longrightarrow 4NO_2 + O_2$ 开始时，$c(N_2O_5)=0.0408\text{mol}\cdot\text{L}^{-1}$。1min 后，$c(N_2O_5)=0.030\text{mol}\cdot\text{L}^{-1}$。则该反应的反应速率（　　）。

A. $v(N_2O_5)=1.8\times10^{-4}\text{ mol/}(L\cdot s)$

B. $v(N_2O_5)=1.8\times10^{-3}\text{ mol/}(L\cdot s)$

C. $v(N_2O_5) = 1.8 \times 10^{-2}$ mol/(L·s)

D. $v(N_2O_5) = 1.8 \times 10^{-1}$ mol/(L·s)

这道选择题，看上去似乎有四个不同的选项，但其实学生通过计算得出正确的数值后，选出一个正确选项，则其余三个选项对学生的答题无任何干扰的"坑点"。这种试题就不该设计成选择题的形式，而只是一道简单的填空题或计算题。

对于超纲或超教学进度的试题设计，可以将这部分知识作为已知信息提供给学生，让学生通过阅读、理解这些信息后作答。比如，在初三年级有这样一道试题：

在 2011 年的全国人大第十一届四次会议上，有代表提议禁止在面粉中添加过氧化物漂白剂，因为这些过氧化物有很强的氧化性，可能将面粉中一些营养物质氧化。某同学为探究过氧化物的性质，从实验室取来一些过氧化钠（Na_2O_2）时发现：①刚取出的 Na_2O_2 是淡黄色粉末状固体，放置在空气中一段时间后有少许粉末变为白色；②该同学另取少许 Na_2O_2 置于试管中，加入一定量的水，发现反应非常剧烈，同时产生大量的气泡。

（1）根据质量守恒原理该同学认为产生的气体只可能是两种：_____ 和_____。

（2）为了验证产生的气体究竟是哪种，该同学又取了一定量 Na_2O_2 使之和水反应，并收集了两试管的气体：将一支盛有气体的试管移近酒精灯焰，并未听到清脆的爆鸣声；而后该同学将一余烬的木条伸入另一支盛有气体的试管中，木条复燃。据此，该同学推断：Na_2O_2 与水反应产生的气体为_____。

（3）该同学在 Na_2O_2 和水反应后的溶液中加入少许酚酞溶液，发现溶液变红，由此可推断反应后的溶液呈_____性（填"酸""碱"或"中"）。

（4）据此该同学写出了 Na_2O_2 和水反应的方程式为_____。

（5）该同学通过查资料得知：Na_2O_2 可用于呼吸面具或潜水艇中氧气的来源，所发生的反应与其放置在空气中一段时间后有少许粉末变为白色的反应相同，请写出该反应方程式：_____。

题干中提及的过氧化钠是高中化学中常见的一种物质，对初中阶段的学生而言就是超纲的范畴，但试题中把初中未涉及的知识以信息的形式展示给学生，这样就使试题不再超纲，同时还能考查学生的信息理解和应用能力。

4. 考试试题设计应该怎样考查学生的科学探究能力？

要考查学生的科学探究能力，在试题设计时不能以学生已经历过的科学探究项目为试题背景，更不能让学生以回忆的方式，去思考所探究问题的各种猜想（包括选定实验器材、设计实验步骤和猜想科学探究结论）。那样做并不能考查学生的探究能力。

对科学探究能力的考查，是考查科学探究的过程，不是考查科学探究的结果。考过程，是要求学生在解答问题时具有探究行为，学生解答的过程就是科学探究的过程。学生的探究行为应以《普通高中化学课程标准》中的"科学探究能力的基本要求"为根据。

命题时应避免出现"假猜想""假设计""假分析论证"的试题。

比如，这道试题：某混合溶液中可能含有的离子见下表：

可能大量含有的阳离子	H^+、Mg^{2+}、Al^{3+}、NH_4^+、Fe^{3+}
可能大量含有的阴离子	Cl^-、Br^-、I^-、SiO_3^{2-}、AlO_2^-

为探究其成分，进行了以下探究实验：

（1）探究一：

甲同学取一定量的混合溶液，向其中逐滴加入氢氧化钠溶液，产生沉淀的物质的量（n）与加入氢氧化钠溶液的体积（V）的关系如下图所示。

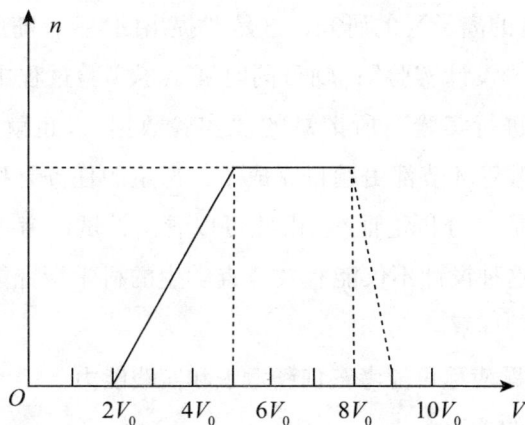

① 溶液中一定不存在的阴离子是_____；

② 在含有的阳离子中离子的物质的量浓度之比为_____。

（2）探究二：

乙同学检测到该溶液中含有大量的 Cl^-、Br^-、I^-，若向 1 L 该混合溶液中通入一定量的 Cl_2，溶液中 Cl^-、Br^-、I^- 的物质的量与通入 Cl_2 的体积（标准状况）的关系见下表，分析后回答下列问题。

Cl_2 的体积（标准状况）/L	11.2	22.4	28.0
$n(Cl^-)$ /mol	2.5	3.5	4.0
$n(Br^-)$ /mol	3.0	2.5	2.0
$n(I^-)$ /mol	x	0	0

① 当起始至通入 Cl_2 的体积为 11.2 L 时，溶液中发生反应的离子方程式为＿＿＿＿＿＿＿＿；

② 原溶液中 Cl^-、Br^-、I^- 的物质的量浓度之比为＿＿＿＿。

这是一道考查科学探究能力的试题，侧重考查科学探究中的"分析论证"能力。本题选用了《普通高中化学课程标准》没有规定的科学探究的课题，且没有选用教材中科学探究的知识点，因为这些都是学生没有经历过的探究过程，其探究结论不知晓，学生如不进行分析论证，只凭回忆是不能把实验结论写出来的。由此，本题虽然选择了"离子之间发生化学反应的先后顺序与其用量的关系"这一课题，是学生熟知的课题，但其探究过程，还是能较好地体现学生的探究能力，这种命题思路是值得肯定的。题目一开始就指出兴趣小组在进行"某溶液中可能含有的离子"的研究，这是"提出问题"；随后题目介绍了整个实验过程，体现了"设计实验"；题目同时展示了实验过程中的离子物质的量的变化图，这是"进行实验"所记录的"实验数据"。也就是说，提出问题、设计实验、进行实验等环节都由题目完成了，考生的任务是根据图中的数据推理得出结论，这就是"分析论证"。由此可以看出，试题考查的能力目标是十分清楚的。试题的这种设计不仅能有效考查学生的科学探究能力，也有利于教师深化对科学探究的理解。

5. 纸笔测验试题应尽可能考查创新意识和实践能力

（1）创造能力的考查。

对创造能力的考查，通常都会和创造过程联系在一起，即考查学生发现问题、产生怀疑、提出问题、进行猜想、思考辨析的能力。

下面是一道考查"发现问题""进行猜想""思考辨析"能力的试题：

某同学为了探究锌与盐酸反应过程中的速率变化，在 100 mL 稀盐酸中加入足量的锌粉，用排水集气法收集反应放出的氢气，实验记录见下表（累计值）：

时间/min	1	2	3	4	5
氢气体积/mL	50	120	232	290	310

① 哪一时间段（指 0～1min、1～2min、2～3min、3～4min、4～5min）反应速率最大？_____，原因是_____。

② 哪一时间段的反应速率最小？_____，原因是_____。

③ 求 2～3min 时间段以盐酸的浓度变化表示的该反应速率是_____。

④ 如果反应太剧烈，为了减缓反应速率而又不减少产生氢气的量，该同学在盐酸中分别加入等体积的下列溶液：① 蒸馏水；② NaCl 溶液；③ $NaNO_3$ 溶液；④ $CuSO_4$ 溶液；⑤ Na_2CO_3 溶液。你认为可行的是_____。

这道试题中，题目给出实验过程的数据记录，要求学生寻找实验过程中哪个阶段的化学反应速率最大。这是一个"发现问题"的过程，之后要求学生写出原因，这是一个让学生进行"猜想"和"思考辨析"的过程，最后提出新的问题"如果反应太剧烈，为了减缓反应速率而又不减少产生氢气的量，该同学在盐酸中分别加入等体积的下列溶液"，这是将对学生"思辨能力"的考查再上一个台阶，达到更高层次的"创新尝试"。

学生的创新能力，最关键的是"发现问题"和"提出问题"的能力。在教育部颁发的《普通高中化学课程标准（2003 年版）》关于提出问题的基本能力要求是这样表述的：能从日常生活、自然现象或实验现象的观察中发现与化学学科有关的问题，并能书面或口头表述这些问题。发现问题、提出问题的一般过程如下：

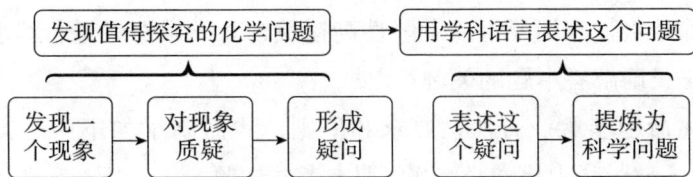

发现并提出问题的一般过程

"发现一个现象"是考查学生的观察力；"对现象质疑"是学生对已"发现一个现象"的深入思考；"形成疑问"是解决疑问的前提和动力；"提炼为科学问题"是对抽象问题的概括。后续对"科学问题"的进一步的猜想、解决和验证是体现创新能力的落脚点。

（2）实践意识的考查。

所谓"实践意识"，是当学生学习了一个原理之后，主动、自发地思考该原理在实践中的具体应用；而当他在现实生活中发现了一个感兴趣的实践情境时，又会自发、主动地思考产生这个情境的原理是什么。这种实践和理论进行转化的自发动机，就是实践意识。

化学作为以实验为基础的自然学科，学生的实践能力和实践意识是其学好化学学科的前提和关键。因此，在设计试题时，有必要渗透对实践意识的考查。

考试试题对实践意识的考查，应该隐含在题意中，考查学生能不能从题目文字中找到它的实践含义，能不能实现实践和原理的转化，能不能根据自己的实践体验（而不是靠记忆或演绎）来解决题目中的具体问题。

比如，下面这道试题：

柠檬醛是一种用于合成香料的工业原料。现已知柠檬醛的结构简式为
$(CH_3)_2C$ ＝$CHCH_2CH_2C$（CH_3）＝$CHCHO$

（1）如何设计检验柠檬醛分子结构中的醛基？

（2）如何设计实验检验柠檬醛分子结构中的碳碳双键？

在解答这道试题时，具有实践意识的学生能在考场中"设身处地"地思考问题，会很自然地想到利用碳碳双键与溴水或者酸性高锰酸钾这两种溶液因发生化学反应而褪色进行检验，但因溴水和酸性高锰酸钾具有较强氧化性，醛基具有强还原性，也会使这两种溶液因发生化学反应而褪色，因此，对碳碳双键进行检验之前，必须将醛基转化为无干扰的其他基团，而不是犯"纸上谈兵"的错误，糊涂地直接利用溴水或者酸性高锰酸钾对碳碳双键进行检验。学生的实践意识，是正确解答本题的关键。

按照上述命题步骤、方法、要求和原则，我命制了如下一套高一下学期（教学内容为人教版高中化学必修 2）期末考试试题。

××学年度下学期学生学业发展水平测试高一化学试题

第 I 卷（45 分）

可能用到的相对原子质量：H——1　C——12　N——14　O——16
Na——23　Cl——35.5　Ca——40　Fe——56

一、选择题（每小题只有一个选项符合题意）

1. 化学与日常生活密切相关，下列说法错误的是（　　）。

A. 食用花生油和鸡蛋清都能发生水解反应

B. 碘酒是指单质碘的乙醇溶液

C. 包装用材料聚乙烯和聚氯乙烯都属于烃

D. 红葡萄酒密封储存时间越长质量越好的原因之一是生成了有香味的酯

2. 下列表示物质结构的化学用语或模型图正确的是（　　）。

A. NH_4Br 的电子式：$\left[H\overset{\overset{\displaystyle H}{|}}{\underset{\underset{\displaystyle H}{|}}{N}} H \right]^+ Br^-$　　B. CS_2 的比例模型：◉●◉

C. ^{14}C 的原子结构示意图：(+8) 2 6　　D. 乙醇的结构式：CH_3CH_2OH

3. 下列变化属于物理变化的是（　　）。

A. 乙烯的聚合　　　　　　　　B. 石油的分馏

C. 煤的干馏　　　　　　　　　D. 石油的裂化

4. N_A 为阿伏伽德罗常数的值，下列叙述正确的是（　　）。

A. 1mol 的羟基与 1mol 的氢氧根离子所含电子数均为 $9N_A$

B. a g C_2H_4 和 C_3H_6 的混合物所含碳氢键数目为 $aN_A/7$

C. 标准状况下，2.24 L $CHCl_3$ 所含分子数为 $0.1N_A$

D. 1mol Na_2O_2 固体中含离子总数为 $4N_A$

5. 低合金高强度钢 Q460 是支撑"鸟巢"的铁骨钢筋，除含有铁元素外，还含有 Mn（锰）、Ti（钛）、Cr（铬）、Nb（铌）等合金元素，下列有关说法正确的是（　　）。

A. Nb^{3+} 的质量数为 92，电子数为 41

B. Fe 位于元素周期表的第四周期、第Ⅷ B 族

C. 工业上利用热还原法冶炼金属 Fe、Cr、Mn

D. $^{46}_{22}TiO_2$、$^{48}_{22}TiO_2$、$^{50}_{22}TiO_2$ 互为同位素

6. 在一定温度下的恒容容器中进行反应 A (s) +2B (g) $\rightleftharpoons$ C (g) +D (g)，下列能说明反应已达到平衡状态的是（　　）。

A. v (B) ：v (C) =2：1　　　　B. 每消耗 2mol B，同时生成 1mol D

C. 混合气体的压强不变　　　　D. 混合气体的密度不变

7. 在一定条件下 RO_3^- 与 R^- 发生如下反应：$RO_3^- + 5R^- + 6H^+ = 3R_2 +$

$3H_2O$，则下列关于 R 元素的说法中错误的是（　　）。

A. R 位于元素周期表中的第ⅧA 族　　B. RO_3^- 中的 R 元素可以被还原

C. R 的氢化物的水溶液显酸性　　　　D. R_2 在常温常压下一定是气体

8. 有一兴趣小组准备在实验室中制氢气，装置如图所示。可是在实验室中发现酸液不足而又无其他酸液可加入。为达到实验目的，可以从长颈漏斗中加入的适量试剂是（　　）。

①KNO_3 溶液；②酒精；③CCl_4；④苯；⑤Na_2SO_3 溶液；⑥NaCl 溶液。

A. ①②④⑥　　　B. ②④⑤　　　C. ②③⑥　　　D. ①②③

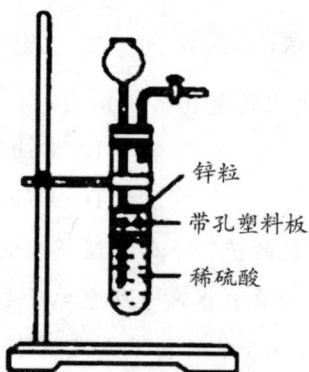

锌粒
带孔塑料板
稀硫酸

9. 在一定温度下，容器内某一反应中 M、N 的物质的量随反应时间变化的曲线如图所示。下列表述中正确的是（　　）。

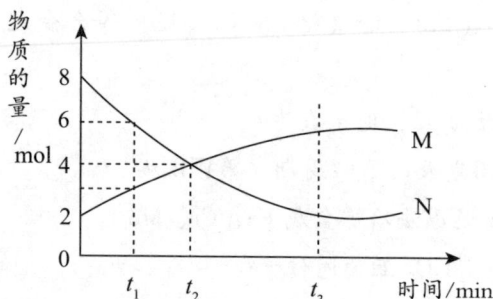

A. 反应的化学方程式为 $2M \rightleftharpoons N$

B. t_1 时，N 的浓度是 M 浓度的 2 倍

C. t_2 时，正逆反应速率相等，达到平衡

D. t_3 时，正反应速率大于逆反应速率

10. "绿色化学"是当今社会提出的一个新概念。在"绿色化学"工艺中，理想状态是反应物中原子全部转化为欲制的产物，即原子利用率为100%。在一定条件下的以下反应中，最符合"绿色化学"概念的是（　　）。

A. 乙烯与氯化氢反应制备氯乙烷

B. 苯与液溴反应制溴苯

C. 以铜和浓硝酸为原料生产硝酸铜

D. 铝盐溶液与氨水反应制氢氧化铝

11. 只用一种试剂就可鉴别苯、KI 溶液、$AgNO_3$ 溶液、己烯、四氯化碳，这种试剂是（　　）。

A. NaOH 溶液　　　B. H_2SO_4 溶液　　　C. 溴水　　　D. Na_2CO_3

12. 85 岁的中国女药学家屠呦呦发现治疗疟疾的青蒿素，挽救了数百万患者的生命。青蒿素结构式如图所示。下列有关青蒿素的说法正确的是（　　）。

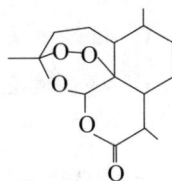

A. 青蒿素的分子式为 $C_{16}H_{22}O_5$

B. 提取植物中的青蒿素的方法是用有机溶剂萃取后蒸馏

C. 青蒿素分子结构稳定，高温灼烧不易反应

D. 青蒿素是有机大分子，难溶于水、NaOH 溶液等，可发生取代反应

13. 某实验兴趣小组用如图所示装置实验，下列说法不正确的是（　　）。

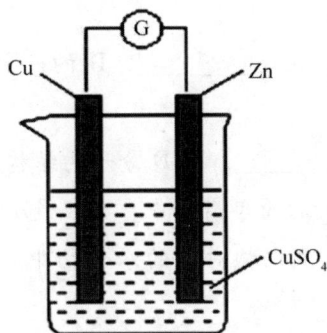

A. Zn 质量逐渐减少，Cu 质量不变

B. Zn 为负极，Cu 为正极

C. Zn 电极发生氧化反应

D. 电子流动方向是由 Zn 经导线到 Cu

14. 下列叙述Ⅰ和叙述Ⅱ均正确并有因果关系的是（　　）。

选项	叙述Ⅰ	叙述Ⅱ
A	SO_2 可使 $KMnO_4$ 溶液褪色	SO_2 具有漂白性
B	原电池可将化学能转化为电能	原电池需外接电源才能工作
C	乙醇的沸点比乙醛的沸点高	乙醇分子间存在氢键
D	Na 在 Cl_2 中燃烧生成离子化合物 NaCl	NaCl 固体可导电

15. 某烃的相对分子质量为72，现取3.6g该烃完全燃烧，将全部产物通入足量的石灰水中完全吸收，过滤得沉淀25g。下列说法正确的是（　　）。

　　A. 该烃的分子式为 C_6H_{14}

　　B. 若该烃的一氯代物只有一种，则其分子中含有四个甲基

　　C. 该烃中碳元素的质量分数为85.7%

　　D. 符合该条件的烃有5种

第Ⅱ卷（共55分）

二、填空题（本大题共5小题）

16.（10分）主族元素 A、B、C、D、E、F、G 分属三个短周期，它们的原子序数依次增大。B、C、D 三种原子最外层电子数之和为15，E 的原子半径是短周期元素中（O 族元素除外）最大的。D、F 同主族，它们形成的常见化合物有 FD_2 和 FD_3。请回答：

（1）F 在周期表中的位置是_____，D 的两种常见单质化学式分别是_____、_____。

（2）BC^- 的电子式为_____，AGD 分子的结构式为_____。

（3）C、D、E 三种元素的简单离子中，半径最小的粒子符号是_____。

（4）上述元素的最高价氧化物对应的水化物中碱性最强的是（填化学式，下同）_____。

（5）A 和 D 组成的化合物中，既含有极性共价键又含有非极性共价键的是_____。

（6）由 A、D、B 三种元素按原子个数比为6∶1∶2组成的一种 "绿色燃料" 经氧化能得到一种家庭中常用的调味剂成分，二者发生反应的化学方程式为_____。

17. （12分）紫菜与海带类似，是一种富含生物碘的海洋植物。商品紫菜轻薄松脆，比海带更易被焙烧成灰（此时碘转化为碘化物无机盐），用于碘单质的提取。以下为某兴趣小组模拟从紫菜中提取碘单质的过程：

紫菜 —→ 焙烧 —→ 浸取 —→ 操作① —→ 操作② —→ 蒸馏 —→ 粗产品

（1）实验室中焙烧紫菜用到的仪器有_____（填写相应的字母）。

A. 试管　　B. 表面皿　　　C. 蒸发皿　　　D. 酒精灯

E. 烧杯　　F. 泥三角　　　G. 坩埚　　　　H. 三脚架

（2）水浸时常常要将悬浊液煮沸2~3min，目的是_____。

（3）在焙烧所得的紫菜灰的浸取液中加入足量的二氧化锰和稀硫酸，并使之充分反应，写出反应的离子方程式_____。

（4）操作②中所用的主要玻璃仪器为_____，振荡、静置，应首先将_____分离出来（选填上层或下层）。

（5）将下列装置图中缺少的必要仪器补画出来以最终将单质碘分离。

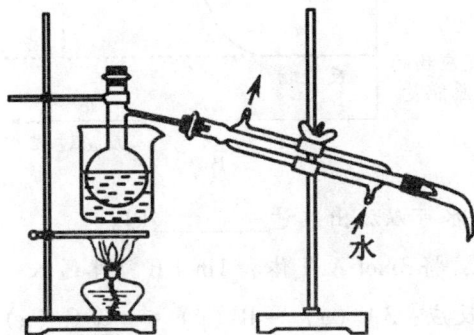

19.（10分）（1）从能量的变化和反应的快慢等角度研究反应：$2H_2(g) + O_2(g) \longrightarrow 2H_2O(g)$。已知该反应为放热反应，下图能正确表示该反应中能量变化的是_____。

从断键和成键的角度分析上述反应中能量的变化。化学键的键能见下表。

化学键	H—H	O=O	H—O
键能 kJ/mol	436	496	463

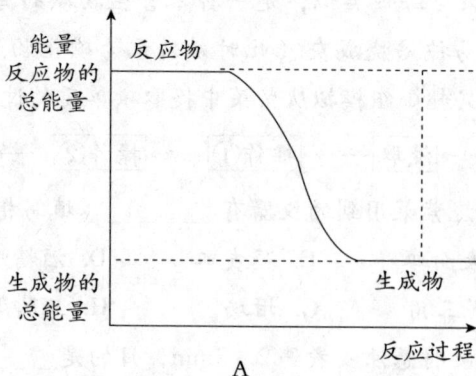

A

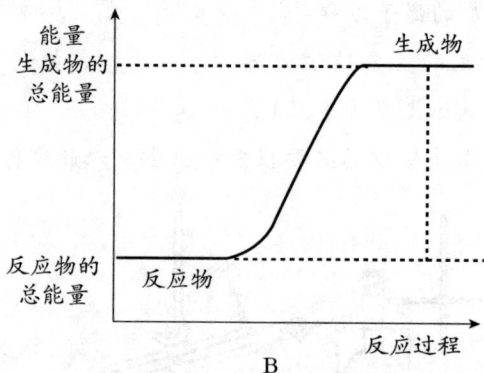

B

则生成 1mol 气态水可以放出热量_____ kJ。

（2）一定温度下，将 3mol A 气体和 1mol B 气体通入一容积固定为 2L 的密闭容器中，发生如下反应：$3A（g）+B（g）\rightleftharpoons xC（g）$，反应 1min 时测得剩余 1.8mol A，C 的浓度为 0.4mol/L，则 1min 内，B 的平均反应速率为_____，x 为_____。若反应经过 2min 达到平衡，平衡时 C 的浓度_____0.8mol/L（填"大于、小于或等于"）。

19.（12 分）我国大力发展清洁能源产业，以太阳能为代表的新能源产业规模发展迅速。试回答下列问题：

（1）现在电瓶车所用电池一般为铅蓄电池，如图一所示，这是一种典型的可充电电池，电池总反应式为 $Pb + PbO_2 + 4H^+ + 2SO_4^{2-} == 2PbSO_4 + 2H_2O$。则电池放电时，溶液的酸性会_____（填"增强"或"减弱"），写出正极反应式：_____。

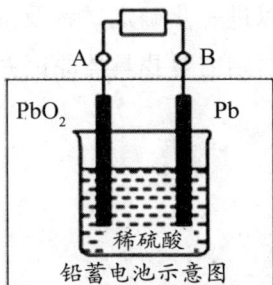

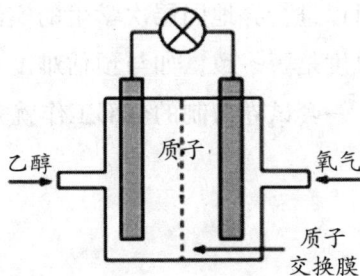

图一   图二

（2）乙醇燃料电池中采用磺酸类质子溶剂，电池示意图如图二所示，该电池的正极是_____（填"a"或"b"，下同）极。质子（H^+）透过质子交换膜移动到_____。

（3）每消耗4.6g燃料时，电路中有____ N_A 个电子通过，同时有____ mL O_2（标准状态时）参加反应。

21.（11分）有机化合物A~H的转换关系如下所示，回答下列问题。

（已知：$CH_3CH_2Br + NaOH \xrightarrow[\Delta]{H_2O} CH_3CH_2OH + NaBr$）

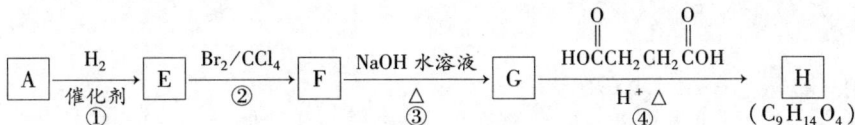

（1）反应①的反应类型是_____。

（2）链烃A有支链且只有一个官能团，其相对分子质量为65~75，1mol A完全燃烧消耗7mol氧气，则A的分子式为_____。

（3）写出由F转化为G的化学方程式_____，

写出由G转化为H的化学方程式_____。

（4）1mol G与足量金属钠反应能放出气体_____L（标准状况下）。

（5）链烃B是A的同分异构体，分子中的所有碳原子可能共平面，其催化氢化产物为正某烷，写出B所有可能的结构简式_____。

（6）C也是A的一种同分异构体，它的一氯代物只有一种（不考虑立体异构），则C的结构简式为_____。

在试题、试卷设计完成后，再次根据试卷的实际呈现，依照前述"命题规划表"逐项指标进行比对，而后根据比对情况进行试题或试卷的调整。有条件的话甚至可以进行异地同层次学生的实测工作，以进一步确定试题及试卷的难度与预估难度是否一致，如与预估难度相差太大，则需寻找具体原因并加以调整。至此，一套试卷命制的全部工作就完成了。

第 四 章

论 "课后反思"

"课后反思"是教师对自己的"课堂教学"进行的一种过程后的反思性实践，是教师对自己教学过程进行再思考、对自己的教学行为进行再审视和再分析的心理过程。

第一节 "课后反思"的意义

"学而不思则罔，思而不学则殆。"学习如此，教学也是如此。作为一名教师如果只教学不反思不研究，即使他的教学时间再长，充其量也只能成为一名熟练的教书匠。新的时代、新的教育思想、新的课程理念，要求教师不仅是学科知识的传授者，还要是学科知识教学的研究者、反思者。一个教师写一辈子教案不一定能成为名师，但如果一个教师坚持写三年课堂教学反思，就有可能成为名师或教学专家。

中学化学教学反思是指教师在化学教学活动过程中对化学教学活动以及这些活动背后的理论、假设，自觉地进行积极、持续、周密、自我调节的思考，在思考过程中，发现问题，并积极寻找多种方法来解决这些问题。它对于提高教师的自我认知、矫正自己在教学中的不良行为、促进教学能力发展具有极其重要的意义。

一、"课后反思"帮助教师形成适合个人特点的教学风格

初入职场时，教师对教学、对课堂、对所教学科、对自己职业等问题的认识不一定是完全清晰的，只有通过一段时间的自我摸索和实践才会有比较全面的了解和认识。在这个自我摸索和实践的过程中，必不可少的环节就是进行"课后反思"。

教师在进行"课后反思"时，必定要对自己的课堂教学行为进行回顾、诊断、思考和自我监控，在这个过程中教师对自己的行为有肯定有否定、有思索有修正、有喜悦有懊丧、有遗憾有期待……这些情绪的表达都是教师对自身教学行为的反思与认知。长时间常态化的"课后反思"之后，教师必定会对自己在课堂教学行为中的优点和不足有充分的认识，对课堂教学中师生角色有更清晰更准确的定位，也必定会在"课后反思"后的课堂教学行为中自觉地扬长避短，从而找出适合自身特点的教学方式和教学方法，最终形成适合自己特点的教学风格。

比如，有些教师性格比较内敛，在日常的课堂教学时语速一般不紧不慢、分析问题时思维清晰有序，他的性格特点决定了他的课堂教学风格相对沉稳，学生对其敬重有余而亲和不足；有些教师性格比较外向，在课堂教学时语速时快时慢、表情丰富多变，他的教学风格就是富有激情，课堂气氛活跃有余严肃不足，于学生而言，他亦师亦友，相处轻松。两种不同性格的教师，课堂教学风格迥异，各有长短。通过"课后反思"行为，教师可以发现自己的优点，认识自己的不足，通过互相学习，博采众长，最终形成适合自己特点的教学风格。

通过长时间对不同类型的课堂的"课后反思"，教师可以归纳总结出各自不同学科不同类型课的最佳授课方法和授课形式。比如，就高中化学课堂教学而言，我归纳得出的结论是：元素化合物的新课的授课，最佳效果的教学方法就是实物展示、实验求证、探究摸索等；对于习题讲评效果最好的方法就是讲练结合，举一反三；学生分组实验课就得相信学生、懂得放手。

二、"课后反思"能帮助教师调整教学行为，提升教学能力

在完成一节课的课堂教学后，教师进行"课后反思"，必定会发现在课堂

教学中有瑕疵的地方，也必定会在日后的教学中加以调整。长此以往，教师的教学能力会在不知不觉中得以提升。

比如，我刚入职的时候，通过"课后反思"发觉自己上课时的语速过快，激情有余而沉稳不够。之后在后续的课堂教学中我就刻意放缓语速，却又发现这样的课堂气氛略显沉闷，反复几次的调整，现在课堂上的我，能做到语速该快就快，要缓则缓，语调抑扬顿挫，情绪收放自如。

每一次"课后反思"都是教师对自身课堂教学行为的再审再读、找错改错的机会。在这个过程中，也许不是每一次的"课后反思"都有非常明显的效果，但也绝对会有那么几次的"课后反思"让自己记忆深刻，影响深远甚至于刻骨铭心。比如，2002年我在一次课题为《原子结构》的教学中，为了形象地比喻"原子核"与"原子"的大小的关系，我以大家通用的"乒乓球"与"地球"的关系进行比喻，结果课堂上有一名学生就用"兵乓球"与"地球"的半径真实数据进行计算，得出这一比喻并不恰当，面对学生突如其来的较真儿，我一时蒙了，当时为了教学进度的顺利进行，我强制性地将这名学生的"较真儿"压下去了，那时这名学生满眼不服、满脸不屑的表情，直到现在我仍记忆犹新。之后在进行课后反思时，我认识到了自己课堂行为的不妥，所以在接下来的课堂中，我重提此话题，指出前述比喻的不恰当，承认自己的不认真，并表扬和鼓励该学生的"较真儿"。我的自我纠错、自我批评的行为赢得了这名学生的认可，也使这名学生对化学学科的兴趣大增，在随后2004年的高中化学奥赛中，这名学生获得全国高中化学奥赛国家冬令营银牌，并被顺利保送至北京大学深造。

长时间坚持进行"课后反思"，能加快年轻教师的成长速度，使其快速找到并形成适合自身特点的教学风格；也能让资深的老教师突破已有的固化思维的禁锢，做到与时俱进，不断学习并接受教育教学的新技术与新理念。同上例，在课题为《原子结构》的教学中，为了便于学生理解"电子云"的概念，以前的比喻是"带火星的木条移动的速度逐渐加快，速度慢时可看到一点星火，速度快时，只看到一条线或一个圈的星火运动轨迹，看不到一点星火"，这种比喻比较传统，只要教师进行演示，学生就能比较容易明白"电子云"的概念。后来，科技发展了，教育信息化了，有教师利用计算机软件（如3Dmax或Flash）模仿"电子云"的形成，它比传统的"星火"比喻更形象更直观。反思同一课题同一概念，借助两种不同的手段进行教学时的效果，得出现代教育技术手段让教学变得更直观更高效，即便是资深教师，又有何理由不与时俱进呢？

三、"课后反思"能提高教师专业发展水平

当代是知识社会化和信息化时代，教师的角色不再仅仅是传统的知识"传授者"或"技术员"，更是学生发展的促进者，是教学和课程发展的主动参与者。在这个主动参与过程中，要求教师必须与时俱进，不断学习、不断提升个人能力。要学习就必须知道学习的方向和内容，要知道学习的方向和内容就必须及时地反思个人的思想与行为，教师在教学中的主要行为就是课堂教学，"课后反思"就是教师反思行为的主体内容。"课后反思"内容包括课堂教学本身，也涵盖与课堂教学密切相关的教育教学理念，教师职业道德，学校、社会、文化因素等方面；还包括教师借助行动研究，不断探究与解决自身的教学方法以及教学工具等方面的问题，而这些问题是一个教师在专业发展路上必须解决的主要问题。

教师在专业成长的路上会遇到各种疑问和困惑，善于进行"课后反思"的教师，能正视这些疑问和困惑，并积极探寻解答疑问和解决困惑的方法和途径。

"课后反思"能提高教师课堂教学实践的合理性，能加快教师从"职门新手"到"会教学的熟手"的转变速度，也会促进教师对教育理念和教学方法的理解和掌握，提高教师的专业发展水平，更能使教师由"会教学"向"会学习"转变（"会学习"能使教师个人由"教书匠"向会学习、会研究的专家型教师转变）。

我自大学毕业入职从事高中化学教学工作以来，常年坚持进行"课后反思"，并书写"课后反思"心得体会。在工作的第三年，就通过参加高中化学教师教学业务比赛，得到同行专家的认可，从而获得当时所在市教育部门颁发的"教坛新秀"的荣誉称号；之后五年，被聘为学校的化学教研组组长。再之后，参加市、省教研部门组织的教师现场教学优质课比赛均获一等奖。在教师的专业发展路上，这种成长速度不算慢，皆受益于常年坚持的"课后反思"。

第二节　"课后反思"的内容

　　课堂教学是一门遗憾的艺术，再好的教学都有它不足的地方，而科学有效的"课后反思"可以帮助我们减少遗憾，不断优化教学过程。化学教师授课后的反思主要内容有：教学理念或观念的反思、教学实践过程的反思（包括反思课堂教学目标的达成与否，反思教材的处理是否合理，反思教学方法的运用是否得当，反思各种实验的使用效果如何等）、教学中学生反应的反思等。

　　比如，以下是我在一次课题为《原子结构》教学过程的实录。

　　【引课】

　　教师提出问题：原子是化学变化中的最小微粒。那么原子能不能再分？原子又是如何构成的呢？

　　学生思考并回答：原子可以再分。

　　教师讲解：简述人类对原子的认识过程。

　　教师引导学生思考：从人类对原子结构的认识，你悟出了什么道理？

　　学生听讲并知晓：人类对自然规律的认知从来都不是一蹴而就的，都是经过长时间的多代人的艰辛努力才获得的。

　　教师设问引课：现代原子论是如何描述原子的呢？

　　【新课教学】

　　教师演示动画：展示现代理论的原子结构模型。

　　学生观察、思考并得出原子结构：

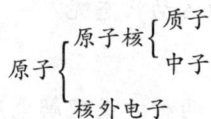

$$原子 \begin{cases} 原子核 \begin{cases} 质子 \\ 中子 \end{cases} \\ 核外电子 \end{cases}$$

　　教师板书：一、原子核。

　　教师讲解：① 原子核在原子中的大小（展示原子示意图）——只占原子体

积的几百万亿分之一（以"大型体育场与蚂蚁"做比喻）；② 构成原子的粒子及其性质（列表比较）。

学生观察、思考、听讲。

教师提问：① 根据原子核中中子不显电性，能得出什么结论？② 原子不显电性又能得出什么结论？

学生思考并得出结论：核内质子数＝核外电子数＝核电荷数

教师提问：上述等式成立的条件？

学生回答：在原子中成立。

教师讲解：忽略电子的质量，将核内所有质子和中子的相对质量取近似整数值1，加起来，所得数值称为原子的质量数。因此可以用下面式子进行计算：质量数（A）＝质子数（Z）＋中子数（N）。

学生听讲并根据教师提示归纳得出：原子的表示形式：

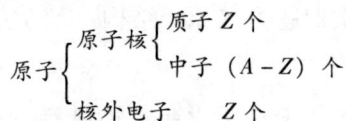

$$原子\begin{cases}原子核\begin{cases}质子\ Z\ 个\\ 中子\ (A-Z)\ 个\end{cases}\\ 核外电子\quad Z\ 个\end{cases}$$

教师设置反馈练习。

学生思考并作答。

教师板书：二、核外电子运动特征。

教师引导学生讨论：宏观物体的运动特征。

学生得出结论：可以准确地测出它们在某一时刻所处的位置及运动的速度，可以描画它们的运动轨迹。

教师讲解：原子核外电子的运动特征。

① 电子的质量很小，电子的运动速度很大，核外电子的运动范围很小（相对于宏观物体而言）；② 不能同时准确地测定电子在某一时刻所处的位置和运动速度，也不能描画出它的轨迹（测不准原理）。

教师设问：如何描述电子的运动状态呢？

教师引出电子云的概念。

教师演示：电子云的形成，两种方式理解电脑动画。

实物模拟演示：带火星的"香"在空中按不同速度画圈的情形。

学生观察、想象、思考、归纳：电子云密度大小反映电子在该区域（单位体积）出现的机会（概率）大小。

教师设置反馈练习。

学生思考并作答。

【课堂小结】

教师引导学生归纳：① 原子的构成及构成原子的各微粒的性质；② 构成原子的各种微粒数之间的数量关系；③ 原子核外电子的运动状况及描述核外电子运动的方法——电子云。

这节课后，我个人进行的课堂反思如下：

1. 教学理念或观念的反思

在课堂上，我始终贯彻以学生为教学主体的教学观念，从学生已有的知识出发，积极引导学生用形象的生活实例去理解微观世界抽象的概念。但在整堂课的教学中，学生因知识储备不足、抽象思维不够等对微观抽象概念理解不透彻，我个人的行为有点急，出现强行拉学生进入我的思维框框的行为。这点是在以后的教学中要注意的；同时也得加强学习，学习如何稳妥地处理在课堂教学过程中出现的"预设"与"生成"之间的矛盾。

2. 教学实践过程的反思

（1）教学目标的达成情况：整节课的教学基本达到预定的教学目标，包括：掌握原子构成的初步知识，使学生懂得质量数和 $_Z^A X$ 的含义；掌握构成原子的粒子间的关系；理解电子云的描述和本质。

（2）教材的处理是否合理：较为合理，将初中已学知识与新知的学习进行无缝衔接，将教材中的素材穿插于教学的整个过程。

（3）教学方法的运用是否得当：本节课利用的教学方法有讲授法、分析归纳法、形象比拟法、实物演示法、讨论练习法等。根据不同的教学内容和学生的认知水平比较合理地使用了各种教学方法。

（4）各种实验的使用效果：本节课基本上没有真正意义上的化学实验，只是展示用燃着的香火由慢到快移动，现象很明显，效果好，非常有助于学生理解快速运动的电子的轨迹记录——电子云。

3. 教学中学生的反应

课堂上，学生能在老师的引导下，通过复习、讨论、思考、归纳、练习等行为，了解原子的结构，理解电子云的概念。尤其是被抽调上台演示的学生，能在老师的指导下，完成实物演示实验。学生通过讨论和思考，提高了自身分析和解决问题的能力。

在现行的高中化学教学中，有些教学内容在教材中是分册分层逐渐展示的，这部分内容在不同教学时期有相通之处，但其教学的侧重点是不同的，教师在进行"课后反思"时，还要思考如何将不同时期教学内容相结合，怎样做到无缝衔接。

比如，在人教版高中化学选修4《原电池》这部分内容的课堂教学后的"课后反思"，教师反思的内容包括上述提及的教学目标：学生是否掌握了原电池的构成条件，能否正确判断原电池的正负极，电极方程式书写有无困难，在教学中采用的演示实验、分组实验是否能达到预设的教学目的等。还应该包括：在教材处理中，怎样将必修2与选修4中涉及原电池内容的两部分有机结合起来。

第三节　"课后反思" 的方法

教师进行"课后反思"的方法有很多：可以是教师个人从课堂教学的各个方面逐一对照进行反思；可以从学生的角度省视自己的教学；可以通过与同行的交流及观察反省自己；还可以从理论学习及解读中反省自身；等等。其中教师个人从课堂教学实践中自我反思是最常见、最有效的一种方法。

以下是我根据个人的教学经验，从化学教师"课后反思"的内容、"课后反思"中应注意的问题以及"课后反思"后的行为矫正等方面阐述中学化学教学的"课后反思"行为。

为使课堂教学后的"课后反思"能够合理、深刻地进行，并有效地指导自己的课堂教学行为，教师在课堂教学后的"课后反思"中要注意以下几个问题：

一、力求全面地进行"课后反思"

化学课堂是师生以化学知识为载体，以提升化学学科素养为目的的教学场所，教师教学效果的好与坏，直接影响学生学科素养的提升，只有全面地进行"课后反思"，教师才能让自己更容易发现缺陷和优点之所在。为此，化学教师可以将自己的课堂教学按照时间顺序分成几个不同的阶段，分主次进行"课后反思"。比如，上例中《原电池》的课堂教学中，在完成这些基本内容的"课后反思"后，根据《普通高中化学课程标准（2003年）》的要求，还可以进一步挖掘"课后反思"视点。反思一，本课例利用典型的师导生学的教学模式，学生能很好地掌握知识点。本课内容与生活联系很多，如音乐卡片、废旧干电池、电动玩具、手机、电子手表、照相机、电动车、汽车等，可考虑能不能调整课堂模式，让学生从生活中来提升学习知识能力。反思二，学生在实际生活中有关原电池最关注的是什么？选择什么作为活动的切入点，怎样利用好相关的资源与活动内容进行最佳组合？采用怎样的形式来展开才能真正从学生的兴趣出发，以便更好地引导学生学习？反思三，找准切入点后整个活动的顺序怎样安排？从时间、材料、内容、重难点、学生情况进行有机整合。

二、力求在课堂教学后及时进行"课后反思"

一节课后要及时回忆、反思并及时记录自己的思维闪光点，要善于抓住稍纵即逝的教育灵感，并养成及时记录的习惯。重点是记录自己感觉不足的地方。例如，演示实验是否成功，如有失误，以后如何改进；教材的重难点处理得是否得当等。

三、结合学生的行为进行"课后反思"

可以说，在教学中学生的行为是教师教学行为、教学效果的指示器，因此，化学教师在"课后反思"时必须结合学生的行为进行反思。学生在课堂上的活跃程度，答题时的正确率、速度等都能衡量教师的课堂教学效果。比如，上例《原电池》的教学中，如果发现由于部分学生基础较差，复习时花费了较多时间，教师就该反思在教学中时间的分配是否合理。下次教学中就可以考虑复习时顺应学生的思维，先写总反应，再写两个电极反应，为下面探究实验提供一个很好的参照标准，这样既可以降低学生的思维难度，又可节省一部分时间。有些问题过渡的梯度太大，问题的导引跨度过大，如复习必修2的实验时，没有按照学生的顺向思维，而是按照氧化还原反应、电极式的书写去讲，学生利用给出的氧化还原反应设计相应的电池就没有那么难做，再从第一个电池联系到实用电源，过渡到如何得到持续稳定的电流，要求有梯度地引导学生意识到要添加盐桥，否则学生的思维容易受干扰，影响学生听课效率。

"课后反思"固然重要，但进行"课后反思"不是目的，不是为反思而反思，反思是为了改进。因此，化学教师进行教学反思后要有反思后的行为变化，即反思后的行为矫正。矫正的内容包括化学课堂教学环节的矫正、化学教学思路的矫正。

中学化学课堂教学环节包含引入、过渡、讲解、实验、课堂反馈、归纳小结等过程。每一个环节都是组成整个课堂教学过程的重要步骤。因此，矫正可以从这几个坏节中进行。比如，在上例《原电池》的教学中，如果完全按照教材的编排进行教学，学生可能会感觉枯燥、难懂。结合这种情形，教师就要在教学环节上，改变教学模式和思路。如设计成：创设情境——探究活动——分析问题——探究加深——掌握新知。

在一阵音乐贺卡的音乐声中开始了新的学习，学生马上充满了好奇，音乐贺卡的工作原理是什么？然后教师就顺水推舟地告诉学生要探究的主题。教师在每个桌子上提供以下材料：电极有铁、铜、锌、石墨，溶液有稀硫酸、氢氧化钠溶液、硫酸铜溶液、硫酸锌、无水乙醇，还有烧杯、塑料绳、电线、电流计。学生从中挑选材料设计出原电池。学生先分组讨论，拟订实验方案，然后利用实验探究。教师参与其中，加以有效引导、启发。学生实验完毕后，各小组汇报实验研究情况，小组间互相交流，从而理解原电池的原理及构成条件。最后教师设计问题情境让学生分析实际问题。

（1）能否将氧化反应和还原反应分开在两个不同的区域进行呢？出示盐桥让学生按教材中图示操作，并介绍盐桥的作用。

（2）如果用镁和铝做电极，用氢氧化钠溶液做电解质溶液，能否设计出原电池？电极反应如何？课后布置家庭小实验——水果的原电池实验。

反思在整个探究过程中，这种教学设计和教学思路，学生的学习热情高涨，课堂气氛相当活跃，学生很容易在探究过程中发现问题并提出问题。

中学化学教师在充分进行课后反思的基础上，按照一定的方法和步骤，对自己的教学行为进行矫正，有助于提高课堂教学效果，使自身的职业素养在"实践——反思——改进——实践"的循环中逐步得到提高和发展。

下篇

深入其中　随「遇」而教　教而悟道

　　武侠小说中的武林高手的最高境界是"手中无剑心中有剑，无剑胜有剑"。我觉得教学的最高境界与此类似：一个资深的专家型教师，教学方法千千万，了然于心，他能因时因势因人择法而教，也即随"遇"而教。

第一章

生活上色

作为教师，经历了初入职门的兴奋狂热的尝试期、热情高涨的学习期、自我感觉良好的成长期后，随着时间的推移，新鲜感没了、热情少了，自我感觉职业发展空间变小变窄，这就是进入了所谓的职业"倦怠期"。为了快速走出职业的"倦怠期"，一个合格的教师首先要坚定职业信念，坚守职业道德，安于平淡，自己握笔，配好颜料，给生活添点色，让生命精彩不断……

第一节　安守平淡

在学校任教高中化学十多年后，我调入了江西省抚州市教学研究室从事中学化学教学研究工作。进入教研室后，作为中学化学教研员，我的工作重心是中学化学教学研究，相比在教学一线，我的工作时间的支配绝大部分能由自己决定，这让我从心里感觉无比轻松：因为不在教学一线，我不必每天花大量时间去备课；因为不在教学一线，我不用掐点准时去上课；因为不在教学一线，我不必每天伏案呕血批改作业；因为不在教学一线，我不必每天对几个不愿学不愿读的学生苦口婆心地规劝；因为不在教学一线，我的课余时间不必为学生的各种琐事而牵肠挂肚；因为不在教学一线，我不必为学生每次考试的成绩而费心劳神；因为不在教学一线，我不必为应付那些杂七杂八的检查、考核、评估、活动等而费尽心思地去写材料、写总结、写反思……

在经历了一段自以为时间上相对宽松、工作上相对自由的美好日子后，我的惰性也如蔓藤肆意滋长，心中的无聊、无奈也与日俱增，正如我曾经写的日志所叙。

莫名的烦恼

心里总是烦恼得很，或许是天气的原因，或许根本与天气无关吧。以前每天总是忙碌得很，想想我的付出与所得，感觉还成正比。现在每天随便上上班……溜达溜达……打打球……有时感觉轻松惬意，有时又感觉虚度时日。唉——难道这样的日子就是我曾梦寐以求的？转眼又一个周末了，明天干吗？休息？我今天已经休息够了……以前因为忙，总习惯性地忽略家人和朋友，同学、朋友的聚会活动也基本没法参加。儿子也很少过问，甚至连他的班主任是谁都不清楚，他的成绩我也不过问，总交给他自己去搞定。莫名其妙的……我这不是碰鬼了吧？

莫名其妙地烦恼，莫名其妙地厌倦。物价总是那么居高不下，基金套得那么深不见底，工作总是那么无所事事，薪水总是那么少得可怜，还有干燥上火的深秋。

真恨不能抛弃这熟悉的一切牵绊，到陌生的远方，做个灰头土脸的井下矿工……那个"累"……爽啊！

在这样外人看来"岁月静好"的背后，我却觉得实在是"无聊"与"无奈"的日子里，莫名的烦恼总是不时地无端滋生，就连小时候翘首以盼的过年，都会产生无名的恐惧。

恐惧过年

转眼只有几天又要过年了，心里总是空落落的，还真有点恐惧过年。记得小时候，盼着快点过年，每到农历的十二月，就天天倒数着还有几天就要过年了。因为，记忆中那时的过年是一年里最快乐的事，除了有丰盛的美食，还有那种无拘无束的欢乐。记得年初一一大早醒来睁开眼，就看见母亲早将新衣新裤摆在床头，立马欢呼着高高兴兴地赶快穿上。出了大门口，早已是人声鼎沸，欢乐一片。初一之后，总是随父母去外婆家、姨妈家、姑妈家等拜年走亲戚，一边叫着"外婆、舅舅"，一边和年龄相仿的表兄表弟嬉戏打闹，真是快乐极了。那时整个正月，每天都是那么令人欢喜：村子里不是今晚"三脚班"就是明晚看"狮子"，后晚看"舞龙"，天天都沉浸在热闹、喜庆的气氛中……

如今，觉得过年越来越无趣了，曾经的美食已经司空见惯，取而代之的是怕这种食物使血脂高，怕那种食物致血压高，曾经的欢乐也随之远去了，常见的却是每天莫名其妙的空虚没落。过完年耳边听得最多的，除了喝酒声，就是麻将声。当我从过年中再也咀嚼不出什么欢乐时，便能看到现在的淡漠与过去的兴奋之间赫然存在着一道明显的鸿沟。是不是我已不再年轻，是不是长大了的人，特别是到了中年的人大都怕过年，总之我是越来越怕过年了。

我想也许小的时候盼着过年是盼着长大，而如今怕过年怕的是衰老。平常日子人容易忘记自己的长大或衰老，只有过年了，看着自己周围长久不见的人在成长、在老去、在离去时，才意识到时间的流逝、岁月的无情。我觉得过年，过去的不仅仅是年，还有生命本身。

也许这才是越来越怕过年的原因吧！

在我感觉"无聊"与"无奈"的日子里，我的内心是不甘心的，我时时反思：离开讲台后，我的工作该怎么做？我的日子要怎么过？

离开讲台后

一年前告别讲台至今，我都干了些什么？

日子无声无息地从指缝间溜过，想抓也抓不住，看着日历哗哗地被一页页撕去，一个星期一晃就过去了。近来我常常问自己，这一年我都干了些什么？答案若有若无，七零八碎。但有一点是十分清楚的，那就是心里感到空空的。一度似乎迷失了前进的方向，整日如公式般地生活没有一点新意。我常常自己和自己抗争，不能再这么下去了，可是到最后唯一能说服自己的理由是为了一家人在一起，互相有个照应。为了家庭，我得装出很喜欢这份工作，还得将"革命"进行到底。随着刚来新单位的热情和新奇一点点褪去，辗转反侧之后，才发现这样的空间并不适合我。虽然以前在学校薪水也不算高，工作量还很大，有时也会很烦，但是心里从没有过空落落的感觉。每天备课上课批作业，忙忙碌碌，和学生在一起，还是挺快乐的。

我这个人本身惰性就很大，非得有点压力才行。我现在的岗位让我的惰性如雨后青藤恣意生长，难以控制。人活着要斗天、斗地、斗人，还要和自己斗。有时候最难斗的是自己，不是说人生最大的敌人是自己吗？不知自己能否战胜自己，活得充实从容淡定些。

我现在的时间很充裕，但是没有好好利用。原本想把比较喜爱的一些东西重新捡起来，书倒是买了不少，什么炒股经、理财学、综合英语、计算机网络之类厚厚的一摞。没有一种能坚持到底的。我都怀疑自己了，也许自己根本就不是这块料，也根本没那个毅力。以前我在不知哪种刊物上看到过这样一句话：做事会半途而废，那是因为没有真正的热爱。刚好为自己找个借口，寻思着也许是我没有真正热爱这些吧。只是为了装门面、赶潮流，应付现在的工作罢了。换个角度设想一下，如果能合理利用这一年的空余时间，持之以恒地学习，到现在肯定有不错的成绩了。现在除了教学生的那点知识，没有增长多少新的知识，在生活上感觉整个人在往下沉，没有了斗志，没有了进取心，很困惑，也很迷惘。难怪现在有很多年轻人都找不到人生的方向，常常徘徊在十字路口。就连活到我这个岁数都还搞不清楚自己到底在追寻什么，那也就不奇怪了。

不过细想想，事物总是相对的，失去的同时也在得到。

以前总是忙忙碌碌，很难静下心来思考一些东西。现在闲暇之余会想想这一路走过来得失之间的学问和奥妙究竟为何物。心情自然比以前释然了一些，也豁达了一些，心态也随着平和了一些。不知道这辈子还有没有机会像以前一样忙忙碌碌，也不知道在以后的工作上我能不能有所长进，但我慢慢懂得了生活中平淡是真、平安是福的道理。

慢慢地，在时间宽裕和自由的日子里，静下心，看人世百态——人们忙着攀比，忘了生活的真谛。

清明节，带着儿子回家给过世多年的爷爷奶奶上坟扫墓，许多平时难得一见的熟悉的或不太熟悉的儿时的伙伴、邻居，也都在平时宁静、此时热闹非凡的山头上遇上，稍许的寒暄后，大家就把话题转移到某某的坟墓，他儿子花了多少钱，修得多么豪华、多么大气。听到这儿，马上有人指出，另外的谁谁谁更不得了，花了什么代价，将他父母的坟墓装饰得如何……一番比较、一番攀比，最后得出，还是谁谁谁更厉害，有了多少财富……听了这些，真是感觉攀比无处不在。只是，我记忆中的大家口中的谁谁谁，其父母在世时并未见其有多么孝顺，甚至曾因不孝被乡邻骂过，正所谓"厚养薄葬"，死后坟墓修得再豪华、再气派，除了满足这在世后人虚荣的攀比心理，对于过世者而言，毫无价值。

也正是这攀比，这虚荣，让我们活着累：小时候被父母逼着比学习成绩、比谁考上好大学，长大了比谁工作好；而后比着谁的位置高、权势重、财富多；老了，比谁的儿女好、有出息……这一路走来，一路攀比，就是忘了比谁活得更自在、更随意、更幸福。最终，我们忘了自我，在攀比中"过着日子"，而不是"享受生活"。

不知是因为过了不惑的年龄，还是太多的无奈，现在的我发现：当一个人不再去攀比时，活得非常自在随意，偶尔还有点幸福感。不攀比，我就不用刻意去追求所谓的成功；不攀比，我就不用刻意去依附、逢迎所谓的贵人和权贵；不攀比，我就敢于按照自己的想法去工作、去生活；不攀比，我就敢于不卑不亢地面对权贵、面对领导；不攀比，我总感觉生活很美好……

人有烦恼，那是因为我们喜欢攀比；喜欢攀比，就有了欲望，一旦欲望与现实有了差距，我们的烦恼也就随之而至了……

静下心，看人世百态——人们急着赶路、急着前行，忘了生活的初衷。

急

单位安排我和几个同事到市区的某十字路口做交通引导志愿者工作。在短短的几个小时的执勤中，我看着一辆辆大车小车从身边呼啸而过，感觉在这人来车往的十字路口，真的是危机四伏、险象不断。可就是在这样车水马龙、险象环生的十字路口，还是有很多行人和驾乘摩托车或电动车的人，每每在红灯未灭、绿灯将亮的时刻，铆足脚力和马力，迫不及待地冲向前方，那架势就像超市门口排队等着买打折商品的大妈，在门开的瞬间奔向那盘算已久的货柜前一般。在这路口，每个人都很急，急着上班、急着回家、急着买菜、急着送货、急着约会……

其实，我们有必要这么急吗？闲暇时想想，我们何止在路上急，急几乎伴随着现代人的一生：小时候，被急着盼长大，幼儿园时急着学习小学知识，小学时急着与初中接轨，初中时急着谋划高中生活，好不容易进了大学，才发现，好多该在幼儿园培养的基本素质和基本礼仪的课程出现在大学课堂里；生活中，我们急着成功、急着加薪、急着升职、急着证明自己……为了这些急，我们总想找捷径、寻门路，总像商人那样盘算着如何以最少的时间成本、经济成本来快速地急自己所急……一路急下来，当我们急了自己所急时，往往会发现：我们走得太快，居然忘了当初为什么出发？

我们为什么总是这样急？是我们太想成功、太想出人头地，我们随着其他人一起，急匆匆地赶着路，突然，你一个人停下来了，旁人会奇怪：为什么不走呢？难道他脚崴了、鞋破了……我们不想向他人示弱，不想被轻视、讥讽，所以我们过着人为的"画地为牢"的生活。生命是有限度的，我们急、急、急，最终可能就是急着将其结束而已。

生活原本就是吃饭、睡觉、工作等周而复始，让人无力却又无法摆脱，既然如此，年过不惑的我，何不让急匆匆的脚步慢点再慢点，遇红灯时，停一停，看看匆匆忙忙的人，做个躲在角落的闲人。

静下心，看世事，再视自己——平凡且无奈，但我不世故；

静下心，世事虽世故，但我不必强从；

静下心，让自己不强从世故，心里留存做人底线；

看处在局中的别人，其实就是看到了自己。

酒后轻狂

人常说：人过四十，当知不做无把握的事，不说有棱角的话。可已过不惑之年的我，不知是因为个性使然，还是酒壮怂人胆，无数次，几杯白酒、黄汤下肚，面红耳赤后，平时不敢走或小心翼翼地走的路，都是大胆地大阔步地走；平时不敢说的话，都是口无遮拦地信口喷出；平时闷在肚子里的骚情热劲，非得干净彻底地宣泄，平时唯唯诺诺装作与世无争，此时跟谁都敢争个高低。那声音、那气势感觉就是老子天下第一。

一旦酒醒，酒后的事若有若无，慢慢地回想起当时的点点滴滴，懊悔不已，感觉真是羞于见人。

对于因酒后轻狂、胡言乱语而得罪的人，有的是能以一个不与酒鬼的醉话计较的心态一笑而过，有的也许就永远与你在心里结下了梁子，道歉是挽不回以前的无事自然的关系了。因为人在失意的时候得罪了人，可以在得意的时候弥补；而在得意的时候得罪了人，却不能在失意的时候弥补。

我也经常问自己，为什么会这样？答案也许是，平时太作了、太装了：装着大度、装着谦虚、装着有才、装着正经……而实际上骨子里就是吊儿郎当、酸不溜秋。平时的装就是对自己现实中无助无为的一种绝望的表现，酒后的轻狂仅仅是借酒精的作用卸"装"发泄而已。

有时，我也认为，酒后的轻狂是心智不成熟人的狂欢，但狂欢过后却是更加孤独、迷惘。一个真正不惑的男人，应该适时地给自己一点寂寞，一点沉默，一点失落，一点迷惘。我没做到，所以，我是尚惑不惑。

静下心，发现工作中不乏虚伪的领导，但生活中也不缺真诚的朋友。

朋 友

离开讲台已经两年多了，这两年很多时候总感觉和以前在学校相比，空闲多了很多、应酬多了很多、一本联络簿厚了很多、手机里存的电话号码多了很多，可有时真正有点心事，却找不到聆听的耳朵。很多时候发现：喧嚷过后是格外地寂寞孤独。一直以来总是特别向往武侠小说中的那种狭路相逢、棋逢对手，然后，肝胆相照，两肋插刀，士为知己者死。看看现实，我发现自己真是失败：活在人世近40载，称兄道弟的貌似哥们儿的很多，但真正的朋友几乎没有。很怀念过去校园时代的青葱岁月，大家都是不经世事的懵懂少年，常常起纷争，却并非真正为难，像一场场雷阵雨，大家忘了电掣雷鸣，只记得雨后彩虹。随着岁月流金，友爱却变得越来越难。现实中人人穿着盔甲，小心轻放，害怕受伤。

鲁迅曾经给"朋友"分了类，大致的意思是朋友有玩伴、挚友、畏友之分。其中"玩伴"不用解释，"挚友"可能就是那种肝胆相照、两肋插刀的知己之士，而"畏友"则是那种你成功时看不见、得意忘形时敲你、失败时走近你、低迷失落时鼓励你的人。现实中不同的时段，我们会有不同的玩伴，随着岁月变迁、兴趣变化，玩伴自然换人。很多时候我们也会有很多所谓的挚友，但随着生活环境的变化、社会地位的变迁，过去的肝胆相照会慢慢地因为水土不服而不断地疏远乃至形同路人，甚至反目成仇，这也许就是心腹大患的歪解吧。而真正不会因为时过境迁而改变的就是畏友。我很羡慕有些女人有闺中友，她们可以常常睡在同一个床头，或手拉手臂挽臂地过市逛街。但给人的感觉是女人的友谊注重的是形式。我更敬重一些男人的友谊粗犷豪迈，不修边幅，有时只是一个眼神，没有烦絮的言语，即使几年不见，见面时也不会因为无话说而感觉尴尬，这种男人间的友谊也许就是鲁迅所说的畏友。

现在也有一种说法，"朋友是资源、朋友是财富""朋友多了路好走"，"朋友是用来利用的""朋友是用来麻烦的"。现实中这些看法仔细想想真还有点对。但真正的朋友是要用心去呵护的……

经历多了，慢慢坦然接受现实的"无聊"与"无奈"，也悟出工作也好，生活也罢，难有十全十美，凡事有得必有失，摆正心态，生活是美好的。

品味舍得

打开电视，经常看到电视中舍得酒的广告："智慧人生、品味舍得。"以前做老师时曾经常劝诫学生：舍去玩耍，得来学成。教学生容易，可自己现在人近40却仍不能达到不惑境界，可能是没能真正领悟"舍得"的真谛。

以前看过一篇文章，里面有句贾平凹的话："世界是阴与阳构成的，人在世上活着也就是一舍一得的过程。会活的人，或者说取得成功的人，其实懂得了两个字：舍得。不舍不得，小舍小得，大舍大得。舍舍得得，得得舍舍就充满在我们琐碎的日常生活中，演绎着成功和失败的故事啊，舍得实在是一种哲学，也是一种艺术。"仔细想想生活真是那么一回事：舍得、舍得，有舍就有得，要得就要舍。舍与得是相互依存、相互依赖的。但现实中很多时候就是我们对太多名、太多利有太多奢望和太强的"不舍"，导致我们自己感觉有太多不公、太多不平。离开学校近两年了，一直难忘教书时匆匆忙忙，我想也许是舍不下过去，可过去我又得到什么呢？无尽的周而复始地早出晚归、无尽的与学生婆婆妈妈、无尽的无聊的大大小小的会议……这样的过去有何舍不下呢？这样的过去可以回忆但有何值得留恋难忘？舍下匆忙的过去，赢得自在的未来。

明白了世事的"真"和"假"，懂得了生活工作中的"舍"与"得"，我摆正了心态，让"躁动不安的心"静下来，用平常心看待生活工作中的平淡。安守生活的平淡，就能认真地完成工作中的每件事。用平常心思考着工作的路怎么走，顺从内心的想法。

这几年，每到年末总是突然感觉时间过得快，再过几天，一年又这样过完了。想曾经，总以为30岁那该是多遥远呀，可不经意间的一天，街上一个并不年轻的帅哥问了句"大叔，某某路怎么走呀"，这才猛然惊觉，我都40多了，我已成为20多岁的小伙眼中的大叔了，早过古人所谓的不惑的年纪了。没来的日子，总觉还远着呢，可回头看看已过的时间，那感觉就算10年前的人和事，也仿佛就在昨天，历历在目。

每在岁末，细数一年来的心路历程，以前较多的是满足过去、期盼未来；后来，尤其是这几年，总感觉满满的日子多的是虚度、茫然。难眠时，自问这是为什么呢？能晒得出的答案是：以前年轻，谋求饭碗的手艺还需精益求精，期盼百尺竿头的学生还需我认真对待；后来年纪大了，工作变了，感觉我即使努力也无从下手，无处使力。我也曾想能像书中剧中描绘的那样，攀附贵人，谋个光鲜的头衔。现在发现，耿直性急的我，越是唯唯诺诺，就越会在自我的言行中战战兢兢，生怕说错话、做错事，进一步畏首畏尾，退一步左顾右盼。这样的境况，我觉得，最累的不是做，而是怎样拿捏分寸去做。现在，我真觉得，一个低声下气的人，即便凭恃他人得到一些，光鲜也好、虚荣也罢，最终，在自我矮化的奴才人格里，冷暖自知，甘苦自尝。

以后怎么走呢？继续做着毫无技术含量的工作，轻轻松松地混日子？抑或回一线做累心的教书工作？瞻前顾后，难于选择！

选择困难

一个人无路可走时，往往能义无反顾地冲破重围，披荆斩棘，勇往直前，直至柳暗花明，而后悟出一条条至理名言，写出一篇篇鸡汤文章。一旦有选择，且当各种选择利弊相当，选左则念念不忘右的好，择右耿耿于怀地惦记着左，反反复复，左不舍右难忘。在旁人看来，你是那么优柔寡断、那么无魄力……此时最希望的是：能真正地看破人生，然后选择没心没肺地活着，带着末日狂欢的潇洒……

一个人处于职业倦怠期时，职业道路怎样走，不在于外部环境的改变，而在于处于没法改变的环境中，自己如何选择与取舍。作为一名有职业理想的人民教师，必须忠于职业情怀、遵守职业操守，安于平淡；平凡的教学路，只用持之以恒的平常心，不用轰轰烈烈的壮举，就能书写不平凡的教育人生。

第二节　平添色彩

一个优秀的教师，当有积极向上的人生观和价值观，有为教育事业奋斗不已的决心和志愿，还应有丰富多彩的业余生活。当一个人处于职业倦怠期时，更应该用积极开放的心态，自己拿笔，挑选颜料，给生活上色，为职业添彩。

运动是人们释放压力最好的方式，是职业人稀释职业倦怠最好的溶剂。在我的教师生涯自觉上升乏力、发展阻滞时，我爱上了冬泳，认识了一群有着同样爱好的泳友。

冬泳后的感觉

10月底刚来游泳时，天气还不是很冷，每天早上在水里泡上30~40分钟，一整天都感觉神清气爽。过了一个月，天气逐渐变冷，水温也在15摄氏度以下，那时下水前脱衣后，感觉阵阵凉意，瞬间迟疑，被精神振作所代替，扑通入水，健身练志。那时的感觉，我居然这么冷也下水了，用句现在时髦的话就是连自己都被自己感动了。元旦过后几天，天气真正冷了，气温一般在7摄氏度以下，水温在10摄氏度以下，每天早上，为了敢于下水，我从学校骑车跑步各半程，到了河边，身上微微出汗，带着这股热劲冲入水中，瞬间前胸的那种冷真如针刺骨，随着连续几分钟剧烈的运动后，胸口不知是冷得麻木了还是运动后血液循环加快，居然没那么冷了，但此时的双脚尤其是脚指头的那种麻痛真的巴不得赶快上岸，上岸后，身上居然感觉不冷了，但穿衣时发现手居然不听使唤了，手脚完全冻木了。穿衣后，在岸边小跑片刻，身上稍微暖和些，此时想得最多的就是，我又坚持了一天，明天还来。这样的感觉一直持续到第二年的3月中旬。经过几个月冷的考验，到了4月，天气暖和了些，此时再下水，就像泡温泉。一年的冬泳：不是不冷，是冷，是四肢胀麻刺痛，是呼吸急促，心跳加快；但接着是不怕冷了，不是不苦，是苦后的快感，出水后的愉悦振奋，似乎是冷出了毅力，苦出了志气。

我现在发现我是真的喜欢上游泳了：与其他的运动相比，游泳更多的时候不用跟别人比，也不用与别人合作，所以某种程度上说，游泳完全是个人的独处与放松。以前经常去打篮球，但随着年纪的增长，跑不赢跳不高，偶尔还受点小伤，而游泳，不用与别人比，完全是自己挑战自己，挑战自己的毅力，挑战自己的极限，我原来一口气不间断只能游200～300米，后来500～600米，现在能达2000米以上；我原来对自己速度不自信，但我坚持，我就能达到自己的极限。现在每天早上，我更加享受一个人埋头游泳埋头数数，脑袋里则天马行空地胡思乱想，那种感觉真自由。

因为运动，我的活动空间不再局限于学校与家的两点一线；因为运动，我的生活圈子不再仅是教学同行与学生；因为运动，我的思维宽度不再仅仅是工作；因为运动，我的思绪更广；因为运动，我的眼界更宽；因为运动，我的心态更积极。

享受过程、淡看结果——首次参加冬泳比赛有感

一次偶然的机会经同事介绍，我加入了抚州冬泳俱乐部，认识了一群不畏严寒、勇敢乐观的冬泳人士。也是通过他们我了解到，元月1日是全国"冬泳日"，在我省近几年，每年的这一天都有全省范围内的冬泳邀请赛。2012年的冬泳邀请赛主办地是赣州市，对我而言，冬泳还是新手，所以当时只是随着抚州市参赛的队员一同到赣州观战。在比赛过程中，看着那些泳士前追后赶紧张比赛的场面，我们在岸上呐喊助威的啦啦队也都一个个紧张、兴奋得不得了。那时我就想，什么时候我也能参加比赛。很快，我的这种愿望就实现了：南昌代表队有一队员突发心脏病，到处找人代替，按照他们后来所描述的，这"肌肉男"应该是个高手，所以在很仓促的情况下，他们让我代替那发病的泳友下水了，由于是第一次参加比赛，没有经验，再加上那时技术、耐力都不行，下水后我便拼尽全力，奋力往前游，起始的快速，让那些南昌泳友一个个在岸上兴奋得喜笑颜开，不过很快，他们的笑容就僵住了，我的耐力只能让我快速地游50米左右，80米接力赛的后30米我实在没力气了，筋疲力尽的我，后30米只能仰漂回来了。上岸后看到南昌泳友脸上失望的表情，我真是羞愧难当。这次比赛虽然我不是正式参赛队员，也没取得泳友预期的成绩，但我感受到了比

赛的那种兴奋、紧张的气氛，看到了各地冬泳人士的那种豁达、开朗的生活态度，欣赏他们那种持之以恒、不刻意追求奇迹的生活理念，崇尚他们那种自然、健康、和谐的生活方式！

因为常年在河边游泳，所见所闻多离不开水：其中每年的初夏季节，气温攀高，学生溺水事故屡见不鲜。每一次，看着那些年轻的生命因溺水而悄然早逝，心里惋惜不已：他们的溺水早逝，是他们对水的无知，是他们对生命的无畏，是年轻的他们不知生命即责任。

感悟生死

来到河边，又一次听说有人在抚河溺亡了。没过多久，就看到几个捞尸人员将溺亡的学生（据说只有16岁）拖至下水台阶处。这一幕，去年的这个时候也看到过一次。看到那溺亡男孩光溜溜地俯趴在台阶边，听到他那可怜的老父亲撕心裂肺的低泣声，自己感觉心里有种瘆瘆的痛。这种痛是为死者年轻生命的惋惜，更是为那可怜老父失子痛心的怜惜。我既为人子也为人父，现在真切地感觉任何一个对外而言微不足道的人，对于他的家人尤其是他的父母而言，就是他们世界的全部。我有时也会和学生说：你们千万不要以为混几天社会，认识几个狐朋狗友听他们吹吹牛，就误以为自己朋友很多，人脉很广，开始嘚瑟，出了事有官僚子弟给罩着。这种想法太幼稚了。无论你是什么物，一旦落难，能为你冲出来的就只有你那哆哆嗦嗦的老爹老娘。哎……

小时候，我对于死是没有概念的，慢慢地长大后认为死了就是什么都没有了，谁也见不着了。世上的芸芸众生，不管你曾经多么辉煌、多么落寞、多么高大、多么矮小、多么富有、多么贫穷，最终都难逃这自然界的生与死的循环。

现在年纪大了，亲历了若干次的亲朋好友的不断逝去，感觉人的生与死既是因果循环，自然的物竞天择，更是千姿百态的一个个鲜活个体的展示过程。在这个展示过程中，每个人都是攥着拳头、哇哇大哭着、赤条条地、伴着父母和亲人的欢笑而来，最后都是撒开双手、或微笑或痛苦、不带走任何俗物、伴着子女和亲人的悲痛而去。所不同的是，在生的过程中：有的人活出了精彩，生活中充满乐趣，也留给他人乐趣；有的人在生活中处处感觉很累、很无聊，留下的只有怨恨和不满；有的人很富有，享尽荣华但却未必快乐；有的人活得很单调也很清贫，生活处处拮据，但却不乏爱和被爱……

生，各有不同，但死对于每个人都是一样的，无论你生前如何风光，也不管你生前职位有多高，更不论你是贫民还是富翁，一旦两腿一蹬，就什么也不是了。在另一个世界里，人人都是平等的，你的富有带不进天堂，你的贫困、烦恼也带不进地狱！

想起某个小品里说的"眼睛一闭一睁，就是一天；眼睛一闭不睁，就是一辈子"。人的一辈子确实短暂，年轻时我总认为在短暂的人生过程中，人要活得随心所欲、自由自在。而今，已过不惑之年的我觉得活着是一种责任、一种义务：小时候，生命的责任是平安长大，给父母快乐；成年后，生命的责任是自食其力，学会养活自己的谋生手段，给父母宽慰；中年时，生命的责任是双肩扛重负，是妻儿的保护神、父母的庇护伞；迟暮时，我们的责任是保持健康的身体，让子女放心……学会善待自己、亲人、朋友，轻松惬意地面对生活，即便某天生命终结也会了无遗憾。

运动，让我接触了更多的人和事，让我亲近自然，领悟生命真谛。

生活中，我享受着运动带来的快乐，并不断地尝试着挑战自己能够企及的运动极限。

"冰"泳之旅

作为一名自诩为"资深冬泳人"的人，一度梦想着在寒冷的时候到寒冷的地方去体验寒冷的"冰泳"，为了结这疯狂的情结，也为了看看远在长春求学的儿子，2015年年底，我带着妻子，踏上列车，一路向北，远赴东北。

作为土生土长的江南人，打小就看过雪、玩过雪，所以当车入沈阳时，看窗外广袤的大地上铺盖着一层薄薄的白雪，那时感觉北方的雪也不过如此。

经常听说北方温度低，但湿度不大，是干冷，不比南方那种湿冷来得那么刺骨，但车到长春，在下车的一瞬间，还是真切地感受了零下20多摄氏度的气温也是有那么一点杀伤力的。

之后的两天里，在儿子的陪伴下，迈过新旧年的交替，也充分感受了北方人在室内室外生活的迥异：室内温暖如春、单衣单裤，室外一呼气就满面霜花、一吸气就鼻毛结冰。

2016年第一天的下午，与比我晚来几天的水友们一起，辗转到长春冬泳基地。不知从何时开始，每年的元旦，被全国各地的冬泳人默许为"冬泳日"，很多地方都会在这天开展有关冬泳的各种庆祝活动，长春冬泳基地作为全国比较有影响的冬泳场所，也在这天的上午举办了"第三届全国冬泳邀请赛"的系列活动。在基地，我们真切地感受了长春冬泳人的热情好客，真切地体验到水温在零下2.6摄氏度的湖水中"冰泳"的冷爽。记得在下水前，穿着泳衣，走出基地的更衣室，赤裸的身体在零下20多摄氏度的室外，相比在老家还是哆嗦不止。但下水后，却并没感觉比冬天的抚河冷太多，也许是气温水温相差太大，也许是大家心理准备得足，更也许是众人一起嗨使得打了鸡血般的我们不觉得冷吧。也正是在长春冬泳的这种冷爽，让大家对即将参加的在哈尔滨松花江上进行的冬泳邀请赛不再那么忧心忡忡了。

结束长春的"冰泳"初体验，按计划我们一行人于2016年的元旦晚，来到冰城哈尔滨。2016年新年的第二天，带着对冰雪的憧憬，跟团赴雪乡观赏北国风景。途径亚布力、林海雪原……终及雪乡。一路上，到处皑皑白雪，大地银装素裹，这才让我们第一次真切感受到"北国风光，千里冰封"是何等壮观。

一路上，最难忘在夜宿亚布力时，我们一群人，悄悄溜进一冰雪游乐场，玩遍场内的冰场碰碰车、冰滑道、雪地攀岩……在大家意犹未尽时，被场地管理员发现，不得不一个个灰溜溜地溜走……更难忘的是，初入滑雪场，第一次接触滑雪板的我们由举步维艰，摔跤不断，到后来基本能顺利地上上下下，就连我喜静不愿动的妻子，也学得有模有样……

到了雪乡，也许是我们对雪已经见惯不怪了；也许是久负盛名的雪乡也和很多知名旅游景点一样，过度开发、过度商业化，大家普遍感觉，雪乡也不过尔尔。但作为冬泳人，最不乏的就是变着法子"疯狂"：一群癫狂之人，赤膊上身，裸身于零下20多摄氏度的雪乡野林，引来众"闪光"不断……

冰旅压轴时，我们一行抚州冬泳人，与各地近500名冬泳人，竞速松花江，个中曲曲折折，但完成了寒冷天在寒冷地进行冰泳……

难忘的短短几天的冰雪之旅、冰雪之泳，只是想做些"再不疯狂，我们就老了"的事……

常年的坚持运动，我乐在其中。

"泳"无止境、"骑"乐无穷

不知不觉中，坚持冬泳已经七个年头了。在这冬泳的七年中：第一年是因好奇、好胜而懵懵懂懂地坚持下来了，那时不知冬泳是个什么滋味，所以每坚持一天，就破了自己最冷下水的纪录，虽说有时冷得四肢胀麻刺痛、呼吸急促，但看着别人敢下水，好胜的心理让我硬撑着坚持过了第一个冬天；之后的第二年、第三年激情退了，偷懒的借口也就越来越多，但总体还是坚持下来了；再之后，抚州冬泳的队伍越来越大，由最初的几人、几十人到现在的两三百人，这期间，虽说不再像第一年那样有冲动激情，但多年的坚持让我习惯了早起，习惯了早起后跳河下水。冬泳的这些年，最难坚持的是 12 月份至来年的 3 月份，这段时间河水冰凉，赤身半裸跳入水中，瞬间前胸的那种冷真如针刺骨，但熬过这寒冷的几个月，进入 4 月份，天气暖和了些，此时再下水，那感觉就像泡温泉。之后的 5 月至 10 月间，是游泳的黄金季节。此时段，可以每天尽情地在水中遨游，手脚动作可快可慢，脑袋里则是天马行空地胡思乱想：想生活之事、想工作之事、想过去之事、想未来之事、想烦恼之事、想喜悦之事、想亲人之事、想厌人之事……这样的胡思乱想，这样的独处，让人身心放松，独醉独享个人世界。

七年的坚持，是个挑战的过程，挑战自己的毅力、挑战自己的极限：敢于在寒冷的季节里到寒冷的哈尔滨，跳入冰冷的松花江破冰浸游。敢于游上半天不上岸，最初我不间断只能游 200～300 米，后来 500～600 米，现在即便万米也不怯；我原来对自己速度不自信，但我坚持，我就能达到自己的极限，几次的比赛，不经意间还能有意外名次。

七年的坚持，我游过长江、湘江、邕江、漓江、嘉陵江……目标是有生之年游遍"五湖四海"……

七年的游泳，用得多的是手，看得多的是水。但后来迷上骑行让我手脚并用，水陆两栖，"泳"士兼"骑"士。

我一向觉得用脚量距太慢太短，驾车看景太花太晕，而骑行漫游则最佳。

每到周末，逢上好天气，跟着骑友，骑个百十公里，纵横在蜿蜒曲折的乡间小道，有时直而平坦，有时曲折上下，感觉路在脚下，任你骑，向天边，车在胯下，任你踏，这过程，你累，你流汗，但途中，观看青山绿水、闻听鸟语花香、饱览乡间古村，你会觉得累有所值、汗有所得。

现在，游泳骑车是我生活的一部分，"泳"无止境、"骑"乐无穷。

运动，让我乐在其中，不疲不倦；运动，让我对生活更热爱，让我对工作更加执着。这就是，生活上色——自己握笔，自选颜料，给生命作画。

第二章

随"遇"而教

    二十多年来，我的工作从高中化学教学第一线，到中学化学教学研究，现在又回到高中化学教学第一线，工作岗位、工作性质从起点回到起点，工作地点从经济欠发达的四线小城到一线的广州。这期间，我的工作性质始终是中学化学教学或教研，但工作环境有变化，教学对象更是不断地变换；还适逢全国普通高中课程教学实验改革。改革内容有教育理念的变化（从传统教育走向现代教育），有教学观念的变化（从知识观向课程观改革），有教学模式的变化（由知识传授向科学探究转变），更有招生考试和录取制度的改革。作为中学教师，在这不断发展、不断变化的时代中，不能被动地"被裹挟着"前行，应该主动学习，积极应变，因时因势因材施教。从小处着手重视课堂应"变"，从大局考虑倡导随"遇"而教。

第一节　课堂有"变"　心中有"策"

    "课堂"是教师教学工作的主阵地，在每个"课堂教学"之前，教师都会做好充分的课前准备。但具体的课堂教学场景是非常复杂的，再周全的教学设计也不可能完全与真实的课堂教学实际相吻合，再全面的教学预设也难以囊括课堂教学中出现的所有问题,这些问题都可以看作课堂教学中出现的"变"。如何妥善处理这些课堂教学中的"变",是对教师教学组织能力、教学机智的挑战,它要求教师具有较高的专业素养和教育智慧,这也是一个合格教师的必备能力。

教师如何进行课堂应"变"呢?

首先,教师要了解课堂教学中常见的"变"有哪些,然后再根据不同的"变"采取不同的应"变"方法。做到课堂有"变",心中有"策"。

课堂常见的"变"主要包括教师非正常行为影响课堂教学、学生异常行为干扰正常的课堂教学、化学实验意外影响课堂教学、课前的预设与课堂的生成有出入影响课堂教学等。

一、教师非正常行为影响课堂教学及其应对策略

教师的非正常行为影响课堂教学,有两种情况:一是指教师因偶然失误的言行干扰或延误课堂教学的正常进度,二是教师有意设计的错误言行以"误"求"正"的教学策略。

人只要工作,就会出现失误,这是难免的。教学也一样,在教学中总会有失误的地方,这无可指责。值得注意的是教师在发现失误后,如何补救和处理。一个合格的教师对自己在教学中的失误,首先应该有正确的看法和态度,而后大胆承认,进而认真对待,再而一丝不苟地改正。教师在教学过程中因偶然的语言失误(如方言重、口误等)、行为失误(如板书错别字、漏字,计算上的失误,实验操作环节的颠倒或错误,课堂教学拖堂等)等干扰正常课堂教学,教师应及时、诚恳地进行自我纠正。教师的这种自我纠错的行为和态度,不仅在学生面前展示了教师真诚、朴实、知错就改的一面,还用真实的"言传身教"的方式教育学生求"真"求"正"。

例如,我的普通话不是很好,有些字或词的读音不准。有一次在高一年级某班进行《氧化还原反应》的教学时,在说到"发生什么反应"时,看到某些学生抿嘴而笑,我笑问其故,学生答:老师是"发生"不是"花生"。原来是我的普通话不标准,读音有误。为此,我特意停下授课,真诚地请教学生正确的读音,学生则认真地教我:"发生"的读音是"fa sheng"不是"hua sheng",我就顺势跟着学生念了两遍"fa sheng"。看着学生满意的表情,我

相信，我真诚地面对错误和虚心学习的态度，留在学生心里的积极正面的形象肯定是有加无减。

为了减少偶然失误的发生频率，我认为应该努力做到以下几点：一是培养自己细致的性格。有些失误是由于教师随便应付、粗心大意、工作不细致产生的，要改变这种情况，就必须培养自己细致地做工作的习惯，以防出错。二是做好事前和事后的检查工作。有些事，教师在课堂教学前进行检查，可以把可能发生的失误消灭在未发生之前（如教师在课堂教学时拖堂，就是一种只要事前准备充分就能避免的异常行为）。进行事前检查，有时也能发现许多可能在课堂中会发生的问题，这样就可思考并准备好解决问题的办法。有些事可在事后检查，如随堂板书，就可在板书完后看一遍或试读一遍，这样就能及时发现问题并及时纠正。三是教师要尽可能地丰富自己的知识，扩大知识面。有了扎实的知识功底，就能提升自己分析问题和解决问题的能力；丰富的知识储备还可以让自己对事物及世事有更加全面和更加正确的认识，这样也可以减少失误的发生频率。

在课堂教学过程中，为了提高课堂教学效果，有时教师会故意出错或设置陷阱，从而诱使学生失误出错，并及时把握契机实施教学，这是一种实现课堂教学目标比较好的教学方法。很多课堂教学实践证明，在课堂教学中，对学生进行恰当的尝误训练，可以激发学生的学习热情，增强学生的自信心；还可以提高学生的学科素质，更可以使我们的教学达到事半功倍的效果。

课堂教学中教师故意出错或者设置陷阱有多种形式：可以是在言行中出现口误或操作中出现失误，可以是在概念辨析或练习讲评中出错，还可以是在实验操作中出错，等等。但不管是何种"错"，其目的不外乎两点：一是借"错"引起学生的注意，激发学生的学习兴趣和热情；二是以"错"寻"对"，加深学生对"正确"知识的理解与掌握。

例如，一次午后的第一节课，我安排的课堂教学内容为课前测试，在我将课前测试题投影在教室的显示屏上时，我看到大部分学生处于午睡后的慵懒状态，我故意一不小心将投影在显示屏上的试题一键删除了，而后故作惊讶地说了句"不好，测不成了，试题被删除了"，在我一惊一乍的嚷叫中，大部分睡后浑噩状态下的学生被惊醒了，眼睛齐刷刷地看着我，有明白事由的学生甚至开始指导我怎样操作可以将我的"失误"挽回，我也就顺势装着一步步地操作，将"失误"更正。就在这一"错"—"叫"—"纠正"的过程中，学生"醒"了甚至"乐"了，学习氛围起来了，课堂教学也可以继续了。这种教师在课堂中的故意"意外"，目的是调动课堂气氛，激发学生的学习兴趣和激情，是借"错"引起学生的注意。

又比如，在一次课堂反馈练习中，有这么一道试题：下列物质哪些属于电解质？哪些属于非电解质？H_2SO_4、CO_2、铝、$NaOH$、稀盐酸、$BaSO_4$、NH_3、SO_2、H_2O、$NH_3 \cdot H_2O$、C_2H_5OH。在解答过程中，我引导学生逐个分析：H_2SO_4属于电解质、CO_2属于非电解质、铝属于非电解质……当说到"铝属于非电解质"时，我故意放慢语速并加重语气，眼睛则环顾学生一周。听到有个学生在底下轻声嘀咕："铝是单质，不是化合物，它应该既不是电解质也不是非电解质"，我立马请这名学生将轻声嘀咕的内容大声讲出，而后，我故作恍然大悟的样子说："某某说得非常对，不管是电解质还是非电解质，都应该是化合物。"这样的设计，我以故意的"错"，对一些化学概念进行辨析，让学生在我的"错"的基础上，强化了其对化学概念的理解和掌握，这种故意的"错误"设计会让学生的记忆特别深刻。

再如，在进行《苯》的课堂教学时，针对"苯的性质比较稳定，不能被酸性高锰酸钾氧化，但可以在空气中燃烧"，教材上对前者设计有演示实验进行验证，后者没有设计演示实验进行验证。为此，在课堂上，我演示"苯不能被高锰酸钾氧化"时，故意说忘了带试管，将试管中进行的实验改为"将高锰酸钾溶液滴加到蘸有苯的试纸上，高锰酸钾不褪色"，在完成操作后，我装着随口说"苯有毒，这蘸有苯的试纸不能随意丢弃，我们把它烧了吧"，随后就将蘸有苯的试纸点燃。看着"燃烧着的试纸火焰明亮，同时有大量的黑烟"，学生们兴奋不已，听课激情高涨。我再进一步引导学生，思考这明亮的火焰、浓浓的黑烟应该是哪种物质燃烧产生的。试纸不可能，高锰酸钾不燃烧，从而得出：苯可以在空气中燃烧，且火焰明亮，产生大量黑烟。教师这种故意设计的"丢三落四"，看似随意，实则是精心设计，旨在加深学生的记忆。

二、学生异常行为干扰正常的课堂教学及其应对策略

在课堂教学中学生是学习的主体，教师是教学的主导。教师在进行课堂教学时，一个重要的任务是组织教学，另一个任务就是管理课堂。学生在课堂上

发生的各种行为有正常的学习行为（如讨论、交流、互动、答题、完成作业等），也必定或多或少地有干扰或影响正常课堂教学的异常行为。学生在课堂上的异常行为又分为两种：一种是不影响他人正常学习的异常行为，另一种是影响他人正常学习并干扰课堂教学节奏的异常行为。

作为教师要明白，学生在课堂上的异常行为是普遍存在的，不管哪个国家哪个地区哪个阶段哪个层次的学校的课堂上，都有学生的课堂异常行为，所不同的是学生课堂异常行为数量的多与少、发生频率的高与低、程度的轻与重。认识到这点，教师就能以平和的心态来看待和处理学生在课堂上的异常行为。

对于学生在课堂上的异常行为，如何比较妥善地进行处理是教师最关心的问题。我认为，教师在处理学生课堂异常行为时，首先要判断学生课堂异常行为对其他学生以及课堂教学会带来多大的影响或干扰，然后再酌情采取不同的干预方法或方式。

如果学生的课堂异常行为对他人或课堂教学没影响或干扰很小，教师可暂不处理，或在不中断课堂教学节奏的情况下，小范围内不露痕迹地提醒或制止，如：

课堂上发现个别学生听课时走神或者开小差，教师可目视该生并提高音量以示提醒，这种做法一般都能起到对其进行警醒的作用。如果是个别学生睡意浓浓，双眼昏昏，教师可以走下讲台，踱步至学生中，轻敲桌面以示提醒；如果再不济，甚至可以请学生站起来听课，待其睡意减弱后再自行坐下。如果是个别学生课堂上神情恍惚、表情忧郁等，在目视、加重音量提醒等方法都无效的情况下，教师应暂缓在课堂进行处理，可在课后找到该学生进行单独深入的交流，找到问题根源再行处理。如果是课堂上个别学生的微小且转瞬即逝的小动作，如个别学生"叭"的一声折断了铅笔，一般来说，教师可不必做出反应，因为教师进行干涉可能比问题本身的干扰更大。这样的处理方式，对其他学生和课堂教学的影响或干扰会比较小甚至没有。

如果学生的课堂异常行为对其他学生和课堂教学有影响或者干扰较大，这时作为教师必须干预或处理，但在处理前，教师必须快速思考采取什么样的干预方法，哪种干预方法对其他学生和课堂教学的干扰最小。在课堂上，学生的课堂异常行为根据其对他人学习或课堂教学影响或干扰的大小可分为以下三种：隐蔽性课堂违纪行为、不遵守课堂教学制度的违纪行为、轻度矛盾冲突行为等。

　　隐蔽性课堂违纪行为主要包括学生个体在课堂上做与学习无关的其他事情，如玩游戏、做小动作或自顾自地看其他书籍。这些隐蔽性课堂违纪行为看似小事，影响不大，其实不然。如不及时制止，一是违纪学生本人会越陷越深，以至于影响其本人的学业；二是违纪学生发出的声音或者鼓捣的小动作，对坐在其周围的其他学生必定或多或少地产生影响和干扰；三是违纪学生的违纪行为不制止，必定会有其他自控力不强的学生受其影响而跟样模仿，这会导致违纪学生越来越多，其后果自然不必赘述。所以，在课堂上，教师一旦发现有学生在做与学习无关的其他事情，必须立刻、严肃、果断地加以制止，并及时收缴其进行违纪行为的小物件、书籍等（对于被收缴的小物件、书籍，可酌情采取不同的后续处理方式：可限定某时限后归还学生本人或家长；也可与违纪学生约定，在其取得某种层次的成绩后再行归还；还可以交由学校专门的学生工作管理部门处理。如果学生被收缴的物件价值较高，教师在与学生约定归还方式和时限后，还应登记在册，并请学生签字确认，以免给后续处理工作带来不必要的不便和麻烦）。这样做，教师严正坚决的态度表明教师对学生课堂违纪行为的不容忍和维护课堂纪律的决心，这对其他有潜在违纪行为的学生也有一种震慑作用；教师迅速果断的处理速度让学生的违纪行为对其他学生及正常的课堂教学产生的影响和干扰控制在最小的范围内。

　　不遵守课堂教学制度的违纪行为主要包括违反课堂出勤制度、违反课堂纪律、扰乱课堂教学、故意恶作剧等。这些违纪行为对正常的课堂教学产生的影响和干扰很大，有时甚至会中断正常的课堂教学，教师必须对其进行制止和处理。违反课堂出勤制度、迟到或早退、随意离开课堂、随意地走动、频繁地进出教室，必定会对坐在教室里正常学习的其他学生产生严重干扰，这样的违纪行为，教师一定要按照班级、年级和学校的相关制度规定进行严肃处理：或制止或处罚或交由学校相关部门处理。不管何种处理方式，目的就是维护班级、年级、学校相关制度的权威性，维护正常的课堂教学秩序。违反课堂纪律主要是指学生在课堂上好动多动、坐立不安、交头接耳、窃窃私语、吵嚷起哄等行为。学生的这些违纪行为产生的原因有多种：学生的多动好动、坐立不安可能是因为学生缺乏耐心，注意力难以长时间集中；课堂上部分学生交头接耳或窃窃私语或吵嚷起哄等可能是受其他学生的违纪行为影响，也可能是教师在课堂上的异常言行，更可能是学生自身困学或厌学所致。对于由于自身缺乏耐心，注意力难以长时间集中而导致的多动好动、坐立不安的学生，教师在发现这个苗头之后，要及时和学生家长进行沟通并取得学生家长的支持，明确学生产生这些行为的心理原因和行为特点，有计划有针对性地制定一系列的帮扶措施，在家校的共同努力下，让学生尽快改掉这些不良习惯或者使其有所改观。对于在课堂上交头接耳、窃窃私语的学生，教师在弄清楚原因之后，根据不同情况采取不同的措施：若是受其他学生的违纪行为影响所致，解决问题的关键是制止违纪学生的违纪行为；若是因教师的异常言行所致，如前所述，教师先行纠正自己的失误，并诚恳地向学生认错，将学生引到课堂教学的正常轨道上来；若是学生因困学或者厌学在课堂上交头接耳或窃窃私语，教师应在课堂上及时指出并制止其违纪行为，课后则要进一步与学生交流，搞清楚学生困学或厌学的原因，对症下药，帮助其提高学习兴趣、重拾信心。

轻度矛盾冲突行为包括发生在学生间的矛盾冲突和发生在师生间的矛盾冲突。学生间的矛盾冲突，一般是指言语上的辱骂、轻微的肢体推搡接触等行为。这类问题的产生一般都有预兆，教师如能将问题在萌芽状态时就发现并妥善处理好那是最好的结果。如冲突在课堂发生时已经是处于冲突的高涨期，且教师不清楚事情发生的原委，可以先行制止冲突行为，课后再找当事学生了解情况，做进一步处理，以免让学生觉得自己在课堂上或众人面前"怂"了或者"丢人现眼"了，从而导致冲突加剧甚至难以收场。如果是少数长期存在这种严重违纪行为的学生，教师还需寻求专门的应对之策。如果矛盾冲突行为发生在师生之间，学生在课堂上顶撞或辱骂老师，作为老师，首先要做的是克制自己的情绪，以课堂教学的大局为重，避其锋芒，然后明确地给学生表示：为不影响课堂教学，有任何问题留到课后解决。这样做，一是教师主动示弱，不至于加剧矛盾；二是让学生看到教师的大度，这有利于平息已产生的矛盾；三是不至于耽误课堂教学，或者使课堂教学所受干扰最小。

在处理学生在课堂上的异常行为时，很多时候，教师多是根据自身对人对事的认识和自身的教学经验进行习惯性的处理，这种习惯的经验处理法应该说在很多时候是有效的，但时代在变，社会在发展，学生所接触的外界环境和信息也是在不断变化的，因此，作为老师在处理学生课堂异常行为的时候，也要因时因地因人而异。尤其是要慎用惩戒手段，有效的课堂管理，惩戒应该是最后一招，不到万不得已的时候不使用。作为老师要认识到惩戒只是处理问题的一部分，使用时要把握"不滥用""不唯一""避免复杂"等原则。所谓"不滥用"就是惩戒只在学生发生屡教不改的严重违纪行为时采用，只要可以用其他方法处理就不选用惩戒方式。"不唯一"就是教师在对违纪学生实施惩戒之后，一定要有其他处理方式相辅相成，惩戒不是目的，只是一种方式。"避免复杂"就是教师对违纪学生进行惩戒处理时，要一事归一事，不要涉及太多，不要把矛盾激发，不要给学生标签化。

三、化学实验意外影响课堂教学及其应对策略

化学是以实验为基础的自然学科，化学课堂教学少不了化学实验，化学实验的成败与环境条件（如温度、湿度、大气压等）、药品条件（如浓度、用量、是否变质、杂质含量等）、实验操作正确与否（如药品添加方式、实验操作方法、实验操作顺序等）等有很大关系。正因为这样，在化学课堂教学中，经常会出现因化学实验的意外而对正常的课堂教学产生干扰或影响的情况。

课堂上，出现实验意外不要紧，只要教师能对实验中可能产生意外的各种因素进行有效控制，对各种可能出现的实验异常结果的解释有所准备，处理得当，课堂教学中出现的实验意外同样能为教学服务：教师可以在引导学生解析实验异常原因的过程中，使学生在科学探究的态度、方法上得到有效的提升；教师甚至可以有意设计某些实验意外以帮助学生进一步学习和探究。

化学课堂上的实验意外，一般有两种情况：一种是因教师实验准备不足，或者教师实验操作失误，或者考虑不周、疏忽大意等造成的真正意义上的"真实验意外"；另一种是教师故意设置的旨在以"错"求"正"的"假实验意外"。

对于"真实验意外"的发生，作为化学教师，首先要正确认识化学实验意外的正常性，人无完人，行为出错是难免的。有了这种认识，教师就不会在课堂上出现实验意外时，急着掩饰或向学生"狡辩"，而能沉下心，冷静地思考产生实验意外的原因。其次，在意外发生之后，教师要组织学生一起分析可能产生意外的原因，在找出原因之后，再次进行实验直至完成实验教学。

例如，2004 年 5 月，我在一堂课题为《乙烯》的课堂教学中，课堂演示乙烯的性质实验，实验装置如下图所示：其中 A 为乙烯的制备装置；B、C 中分别盛有溴水溶液和酸性高锰酸钾溶液，意在验证乙烯能使溴水溶液、高锰酸钾

溶液褪色；D 处点燃，验证乙烯可以燃烧。在实验演示过程中，当看到溴水和高锰酸钾溶液褪色后，我在 D 处点燃，结果发生了爆炸，将锥形瓶 C 炸裂了。实验事故发生后，我和学生马上发现爆炸是因为在点燃乙烯之前没有对乙烯气体进行验纯。而之所以不验纯，是我想当然地以为，由 A 处产生的乙烯气体，在经过和 B、C 中的溶液反应后，已经消耗了很多气体，到达 D 处时的乙烯应该是纯度很高了，但结果却并不是想象的那样，所以发生了实验意外。好在没有发生更严重的人员伤亡事故。事故发生后，我首先向学生承认了自己的失误，而后进一步跟学生强调，可燃性的气体在点燃之前必须进行纯度的检验；同时强调，做化学实验，来不得半点疏忽，绝对不能像我一样在实验过程中抱有侥幸心理，偷懒贪快，否则后果不堪设想。这次的实验事故也让学生对化学实验安全有了深刻的亲身体验，从而更加高度重视化学实验的安全问题。这样的实验意外处理方式，把实验意外当作反面实验素材，引导学生分析产生实验意外的原因，加以改正，并最终完成实验：让学生观察到应该观察到的实验现象，达到实验该有的实验效果。

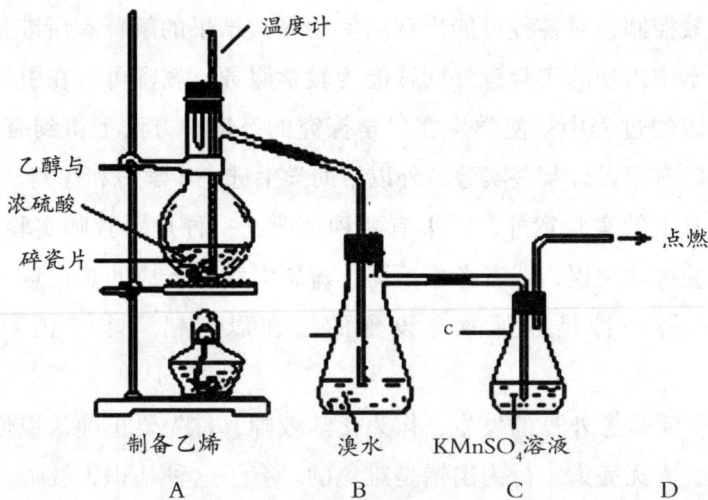

温度计
乙醇与
浓硫酸
碎瓷片
点燃
c
制备乙烯   溴水   KMnSO₄溶液
A   B   C   D

对于在课堂教学中出现的"假实验意外"，一般是教师为了加深学生对化学实验某些步骤或某些操作或实验现象等问题的认知和理解，而刻意设计的"实验意外"。这种"假实验意外"因为是有意为之，所以教师对实验过程中的"实验失误"和"失误"后产生的实验现象及实验结果都是有预知的，所以在处理这种"假实验意外"时，教师要做的主要是引导学生找出"实验意外"的原因，寻求解决的方法，得出正确的实验操作方法或实验方案，并最终达到"举一反三"的效果和目的。比如，我在进行《糖类》课堂教学时，设计实验并现场操作实验"检验淀粉水解及水解程度"。设计实验方案及实验过程如下：

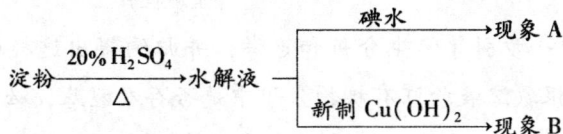

$$淀粉 \xrightarrow[\triangle]{20\% \ H_2SO_4} 水解液 \begin{cases} \xrightarrow{\quad 碘水 \quad} 现象A \\ \xrightarrow{新制 \ Cu(OH)_2} 现象B \end{cases}$$

预想的实验现象和得出的实验结论是：

情况	现象A	现象B	结论
①	溶液呈现蓝色	未出现砖红色沉淀	淀粉未水解
②	溶液呈现蓝色	出现砖红色沉淀	淀粉部分水解
③	溶液不呈现蓝色	出现砖红色沉淀	淀粉完全水解

但经过一番操作后，实际看到的实验现象只有一种情况：

情况	现象A	现象B	结论
①	溶液呈现蓝色	未出现砖红色沉淀	淀粉未水解

为什么实际的实验结果与预设的情况不同呢？

有学生猜测是在淀粉中加入20%的H_2SO_4溶液进行水解反应的时间不够长。为此，我指导学生加长反应时间，结果依旧。说明实验意外不是反应时长的问题。

又有学生猜测实验需要的$Cu(OH)_2$必须是新制的，是否是$Cu(OH)_2$放置久了，导致$Cu(OH)_2$已变质？为此，我引导学生现场配制$Cu(OH)_2$，再次实验，结果依旧。说明这种猜测也不是导致实验意外的原因。

再经过几次的猜测并实验，结果都失败了，有学生猜测是否实验方案设计有纰漏？此时，我顺势引导学生对实验方案及实验过程进行检查和反思，得出结论是，实验过程中遗漏了非常关键的一步：在水解后的溶液中加入新制的$Cu(OH)_2$之前，必须加入碱溶液以中和之前做催化剂的20%的H_2SO_4溶液。为此，师生共同设计新的实验方案和实验过程（见下图），并依方案进行实验操作，最终得到了与预想完全相同的实验结果。

$$淀粉 \xrightarrow[\triangle]{20\% H_2SO_4} 水解液$$

- 碘水 → 现象 A
- NaOH → 中和液（呈碱性） $\xrightarrow{新制\ Cu(OH)_2}$ 现象 B

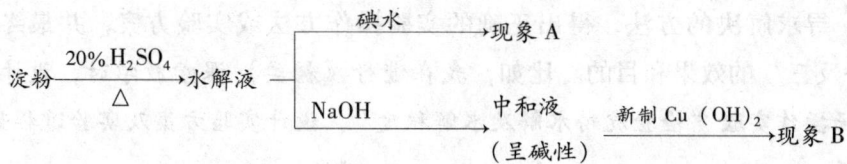

至此，教师进一步引导学生分析和思考，并归纳得出这样的结论：利用新制的 $Cu(OH)_2$ 或银氨溶液验证有机物分子中是否存在醛基，必须要保证在碱性条件下进行，如蔗糖水解实验，设计的实验过程中（见下图），第三步就是必不可少的。

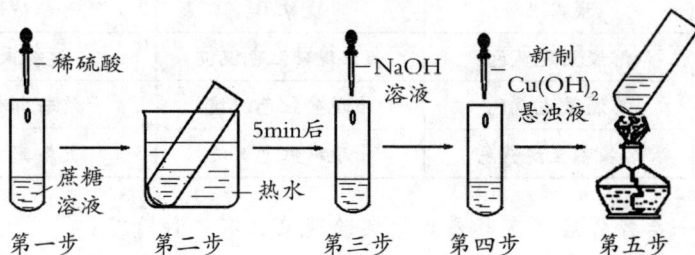

第一步 稀硫酸 蔗糖溶液 → 第二步 5min后 热水 → 第三步 NaOH溶液 → 第四步 新制 Cu(OH)₂ 悬浊液 → 第五步

在高中化学课堂教学中，类似的教师刻意设置的"实验意外"还有很多。例如，刻意用浓度不达标的浓硫酸与蔗糖进行"发黑面包"实验、在酸碱中和滴定中判断终点到达的时刻提前、在食盐除杂过程中试剂添加顺序紊乱、氨气喷泉实验中所用氨气纯度不够等。

课堂教学中教师这种故意设置的"实验意外"，教师不要急于直接解释"实验意外"的原因，而要让学生通过亲身探究体验，了解掌握自然科学研究的一般方法，了解科学过程，领悟科学思想，获取科学知识，培养学生实事求是的科学态度；让学生在寻找产生"实验意外"原因的过程中，不但能学到"发现问题""解决问题"的方法，还会对实验过程中某些关键步骤的重要性的认识特别深刻。

四、课前的预设与课堂的生成有出入影响课堂教学及其应对策略

古有云：凡事预则立，不预则废。作为一名教师，在进行课堂教学前，是一定要进行课前准备的，必须对自己的课堂教学行为进行预设，做到胸有成竹，这样才能最大限度地确保后续的课堂教学活动有计划、有目的地进行。高中化学教师在课前的准备过程中，需要预设和考虑的问题主要有：课堂教学内容、课堂教学目标、课堂教学重难点、课堂教学手段或教学方法、教学所需的辅助

设备或工具，涉及化学实验时该怎么开展，化学实验过程中的操作和该有的现象以及由此推出的结论，在课堂上学生该有的反应，学生对知识的掌握程度应达到什么样的要求，课堂教学中可能会出现哪些意外，等等。

在课堂教学中，教师期待的理想状态应该是"课前预设"与最终的"课堂生成"相一致。但实际教学中，即便教师在课前准备得再怎么充分，都有可能出现"课堂生成"与教师的"课前预设"有出入的情况。对此，作为教师首先要认识到，"课前预设"与"课堂生成"有冲突有矛盾是一种正常现象。因为课堂教学是教师与学生交流互动的过程，是动态的，是不断变化的。"课前预设"仅仅是教师围绕学科教学内容和教学目标，凭借自己的理解和教学经验而设计的教学环节和程序，"课堂生成"则是在程序实施过程中引发的有关问题，它不仅仅与教师怎样设计课堂教学有关，还牵涉课堂中学生的状态和学生的反应。其次，在出现"课堂生成"与"课前预设"不一致时，教师应主动、积极地思考并找出产生矛盾的原因。再次，教师要尽可能在课堂上寻求解决矛盾的方法并付诸实际行动。

根据我对高中化学课堂教学的观察和自身的教学经验，高中化学"课堂生成"与"课前预设"不一致，主要有以下几种情况：

第一，教师对学生已有的学科知识水平和学生的认知水平缺乏足够的了解或认识不充分导致课堂教学中，学生的思维跟不上教师的教学节奏。

第二，在进行化学实验时，实际的实验环境与理想的预设状况不相同导致实验结果与预想的不一致。

第三，课堂教学中偶然事件的发生导致"课前预设"不能在课堂中完全展开和实施。

针对这几种不同的"课堂生成"与"课前预设"之间的矛盾，教师采取的应变方式或处理措施应该是不同的。

例如，1998年秋季，我所在的江西省根据教育部的部署，与天津市、山西省一起进行普通高中课程改革试验，高中学生所使用的化学教材，由人民教育出版社出版的高中《化学》（甲种本）更改为人民教育出版社出版的高中《化学》（试验·必修）。其中有关"电解质"的内容，使用《化学》（甲种本）教材时，学生在初三年级已经学习了"电解质"的概念、电解质与非电解质包含的物质种类及它们之间的差别等知识，故而在《化学》（甲种本）教材中，没有"电解质"相关内容的介绍。使用《化学》（试验·必修）时，学生在初三年级对"电解质"仅仅是了解了概念，没有更深层次的学习。在高一进行有关"电解质"内容的教学时，我用复习的方式对"电解质"的知识进行教学，结果在课堂上，因为在初中时对这部分知识的学习要求比较低，学生对"电解质"的知识储备根本可以说是零基础，后续教学就没办法按照我课前预设的复习方式进行下去。这次"课前预设"与实际的"课堂生成"的矛盾的产生，主要的原因就是教师对学生已有的知识水平认识不够。从某种意义上来说，这次的矛盾不是一般的矛盾，可称得上是教学事故。在认识到这点之后，我马上改变教学策略，摒弃原来的"课前预设"，重新给学生补上在初三年级时该学习的有关"电解质"的相关知识。像这种对学生已有知识水平和认知水平缺乏足够的了解或认识不足而导致的"课前预设"与实际的"课堂生成"的矛盾，教师的应对措施就是调整教学方法，放缓教学步伐，降低教学难度，及时给学生补上学科知识的空白，增加其知识储备，以适应学生的认知水平，从而保证后续教学能正常开展。

例如，我在一次有关 SO_2 的性质的教学中，探讨 SO_2 通入 $BaCl_2$ 溶液中是否会产生白色沉淀，我引导学生分析，如果会产生白色沉淀，所发生的化学反应方程式应该是 $BaCl_2 + SO_2 + H_2O = BaSO_3\downarrow + 2HCl$，果真这样的话，产生的白色沉淀 $BaSO_3$ 和 HCl 反应，生成 $BaCl_2$、SO_2 和 H_2O（上述反应应该是朝逆向进行的），据此分析得出结论：SO_2 通入 $BaCl_2$ 溶液中不会产生白色沉淀。接着进行实验验证，将 SO_2 通入 $BaCl_2$ 溶液中，结果却发现 $BaCl_2$ 溶液变浑浊了，说明产生了白色沉淀。这下学生哗然一片，这是什么原因呢？难道师生一起进行的理论分析有错？为何预设的实验现象与实际实验结果不同呢？面对一双双质疑且充满期待的眼神，我问学生："溶液变浑浊，根据反应物的元素组成，产生的沉淀可能是哪些物质？怎么验证？"根据我的提示，学生作答：沉淀可能是 $BaSO_3$，也可能是 $BaSO_4$。如果是 $BaSO_3$，加入盐酸会溶解；如果是 $BaSO_4$ 则不会溶解。接着，我引导学生，将上述实验中得到的浑浊溶液进行过滤，将滤渣置于试管中，再加入稀盐酸溶液，振荡摇匀，静置一段时间，发现溶液中仍有沉淀，说明 SO_2 通入 $BaCl_2$ 溶液中产生的白色沉淀是 $BaSO_4$ 而不是 $BaSO_3$。接着，我继续提问："为何会产生 $BaSO_4$？"学生根据已有的知识分析得出：我们做实验时是在敞开的自然环境中进行的，SO_2 通入 $BaCl_2$ 溶液中，SO_2 与 H_2O 以

及空气中的 O_2 作用产生 H_2SO_4，H_2SO_4 与 $BaCl_2$ 作用得到 $BaSO_4$ 沉淀，该化学反应方程式为 $H_2SO_4 + BaCl_2 = BaSO_4 \downarrow + 2HCl$。这次"课前预设"与实际的"课堂生成"矛盾的产生，就是在化学实验过程中，理想的实验条件和真实的环境不同而导致的。

教师在处理这一矛盾过程中利用"矛盾"引导学生思考问题产生的原因，寻求验证的方法，最终得出正确的结论。教师巧妙地利用"矛盾"，以"矛盾"为抓手，让学生提出有价值的问题，思考得出解决问题的思路和方法，并用实验进行求证。在这个过程中对于学生出色的、出人意料的回答，教师给予充分的肯定和鼓励，这些都能使课堂闪光、学生顿悟，从而实现学生在知识、能力或方法上的自我提升。

"课前预设"与"课堂生成"是课堂教学的共融体。正确处理两者间产生的矛盾，能使课堂教学焕发生命的活力。

综上所述，课堂教学中的"意外"事件往往具有突发性、无规律、难意料、多样性的特点。也正因如此，它往往能真实反映课堂教学行为中存在的问题，及时反映教育教学过程的真实情况。虽然表面看来它们可能显得突兀、奇特甚至荒谬，然而却常蕴含着极为生动、极为丰富、极为深刻的内在价值。因此作为教师，必须重视课堂"意外"事件的独特性，认识它的价值与地位。要充分发挥教学课堂"意外"事件独特的教育价值，就不应仅仅停留在任其随机、无序发生以及教师被动应对的状态，教师应有意识地利用这些难得的资源，将之作为鲜活生动的教学素材，主动加以设计并融入课堂教学，使教师能掌控其发生的时间、条件、进程和影响。通过"意外"事件及解决预案的实施带给学生新奇的课堂学习体验，在释疑排异的过程中让学生学习从更多角度看待问题、从更深层次分析问题、用更新方法解决问题。

第二节　环境有变　主动融入

我作为一名高中化学教师，在漫长的几十年的职业生涯中，经历了几次的国家课程教学改革和个人的工作变化或调动，这个过程中有我自己主观能动地求"变"，也有客观随"遇"而动的偶然。这些变化主要包括两个方面：一是幸逢国家层面的大方向大面积的普通高中课程教学改革；二是在职业倦怠时主动寻求的工作环境或者工作单位的调动。在这些改革和变化中，作为教师当积极面对，加强学习，主动融入。

一、幸逢国家高中课程教学改革：主动学习、领悟精神、力求有发展

在我二十多年的教学生涯中，我有幸经历了三次国家层面的高中课程教学改革：第一次是1997年，国家在"两省一市"（江西省、山西省和天津市）开展的普通高中新课程教学试验与高考改革；第二次是2008年开展的普通高中新课程教学实验（由新课程教学试验进入新课程教学实验阶段）；第三次是2018年，广东省开展实施的新课程新高考改革。纵观我经历的三次普通高中课程教学改革，其改革的内容包含高中课程教学理念的转变与更新、高中课程教学模式的改革、高中课程教学内容的改革、高中课程科目设置的改革、高中课程教学评价方式的改革、高考模式的改革等。其目的都是改进教学理念、育人模式，促进学生全面发展，为社会主义建设培养合格人才。

国家层面的高中课程教学改革，教师是课程教学改革的最终实施者和落实者。为此，作为教师，有幸参加国家的高中课程教学改革，首先必须主动积极地学习课程教学改革的内容，领悟课程教学改革的思想精髓；然后将其落实到实际的学科教学中。这样就有可能在课程教学改革的浪潮中求得个人职业的发展和提升。每次的高中课程教学改革，教师直接面对的就是教材的改变，研读比对课程教学改革前后的教材，是教师领悟课程教学改革精髓的关键环节。为此，在几次的课程教学改革中，我都会对教学所用的教材仔细研读和比对，甚至形成文字写下研读心得。

比如，我经历了1997年第一次高中课程教学试验与高考改革后，于1999年撰写了论文《现行人教版高中化学教材有利于推行素质教育》，该文发表于哈尔滨师范大学主办的《中学化学》杂志2000年第一期。全文如下。

现行人教版高中化学教材有利于推行素质教育

1997年，江西、山西和天津二省一市试用的新教材《全日制普通高级中学

教科书（试验本）化学》是以原国家教委基础教育司编订的《全日制普通高级中学化学教学大纲（供试验用)》为依据而编写的。该教材以其指导思想的先进性、结构体系的科学性和内容的时代性呈现在师生面前，这对实现高中化学课程改革、促进基础教育质量和国民素质的提高将发挥积极的作用。从已出版的教材和试用的实践来看，新编教材内容的编制有利于推行素质教育，这主要体现在以下几个方面：

一、面向全体、发展个性，发挥学生的学习主体性

教材中教学内容严格按照教学大纲的要求，充分考虑到高中化学教学的实际情况，分为必学和选学两部分：必学内容是全体学生在规定的时间内必须学习的，选学内容则是供学有余力的学生选择学习的。这样的编排，既面向了全体学生，又有利于个别学生更深入地学习；既立足于提高全体学生的素质，又注重了化学专业人才的早期培养。同时，由于学生可以根据自己的学习情况和学习的兴趣有选择地学习化学知识，因而能够充分发挥学生在学习过程中的主体作用。

二、重视实验，培养能力，展示化学知识的认识过程

演示实验的编排要求教师在讲解理论知识的同时，给学生一定的感性认识，从而使学生对各种化学物质和化学概念有清晰的表象认识。新教材中的实验内容有三种类型：学生实验、选做实验和家庭小实验。这些实验内容都是为培养学生的动手操作能力而编写的：学生实验侧重于面向全体学生；而选做实验仅为有条件的学校和学生而编排；家庭小实验则是为进一步培养学生的实验动手能力和配合化学课堂教学而编写，由学生在课外完成。这些不同类型的实验能充分体现化学学科以实验为基础的特点和展示化学知识的认识过程。

三、全新育人，培养学生的"智力"和"非智力"品质

教材内容的编排中设有资料、阅读、讨论、家庭小实验等栏目，介绍了一些化学知识、与教学内容有关的化学史料或联系实际的知识，以及根据教材内容和教学过程的实际需要，提出一些具有一定启发性的问题，供学生在课堂内和课外完成。这样编排的内容改变了"智育第一"的片面教学的观点，把全新育人、全面提高人的素质作为教材编排的出发点和最终归宿：一是体现了学习思路、学习方法的教育，以及科学态度、科学方法的教育；二是体现国情教育、爱国主义教育、环境保护教育，初步建立了一个以课堂教学为主，必学与选学

相结合、课堂教学与课外活动相结合、学校教育与社会实践相结合的全新的育人观念，增强了教材在教学过程中的科学性、系统性、趣味性、可阅读性和可操作性，能有效地培养学生在学习过程中的"智力"和"非智力"品质。

四、可读性强，易学易懂

教材中编排了大量插图，语言也力求生动活泼，增强了教材的可读性，同时也将许多深奥的道理，用简单的图画和文字表现出来，使学生易学易懂。例如，现行教材第一册第13页的图1-8"电子从还原剂转移到氧化剂"的插图和文字表达形象、生动地说明了氧化还原反应过程中电子转移情况。这样编排，有利于学生的自学和教师的教学，也有利于提高学生的素质。

五、联系实际，时代性强

新教材内容的编排吸收了现代科技的最新成果，把它们深入浅出地融于教材内容之中，同时，注重化学知识与自然、社会生产和生活实际的联系，具有鲜明的时代性和实践性。这样的编排有利于培养学生实际应用知识的意识。现行高中化学新教材既注重打好基础又着眼于素质的提高，有利于全面推行素质教育。

再比如，在经历了2008年普通高中新课程教学实验改革后，我撰写了论文《人教版高中化学新旧教材实验设计的变化与启示》，该文发表于哈尔滨师范大学主办的《中学化学》2008年第11期。全文如下：

人教版高中化学新旧教材实验设计的变化与启示

化学是一门实验性学科，化学学科的概念、原理和规则大多数是由实验推导和论证的。化学实验不仅有助于加深学生对化学概念、原理和规则的理解，也有助于培养学生的科学态度和创新精神。而化学教材中实验内容、形式的编排和设计，对于能否达到这些目标起着非常重要的作用。对比人教版新课标前后的两种教材中的实验设计，有很多变化，也给了我们很多启示。

一、实验内容、形式的编排和设计的变化

1. 实验数目的变化

在实验数目上，新教材实验总数比老教材略有增加，新、老教材各类实验总数分别为149和140。具体实验分布见下表：

教材		课堂演示	学生实验		合计
			必做实验	选做实验	
旧教材	高一必修	36	7	5	48
	高二必修	62	10	6	78
	高三选修	8	7	0	15
	合计	106	24	11	141

教材		课堂实验	学生实验		合计
			科学探究	实践活动	
新教材	必修1	27	6	0	33
	必修2	16	5	2	23
	选修1	4	4	3	11
	选修2	6	4	1	11
	选修3	4	2	1	7
	选修4	15	5	2	22
	选修5	15	4	2	21
	选修6	15	3	3	21
	合计	102	33	14	149

2. 实验展现形式、实验要求发生的变化

旧教材中演示实验分布在教学内容中，学生实验单独放在书本的最后部分；而新教材中已经没有了传统意义上的学生实验，新教材中的课堂实验、科学探究和实践活动等实验，除了化学必修2的第一章的一个实验特别强调由老师演示，其他实验都要求由学生独立或分组完成。由此可看出，新教材要求学生做的实验更多了。

旧教材中的学生实验一般是课堂实验的重现，大多是教师在讲授新课时做过的演示实验，其内容、现象、结论、化学方程式都是学生学过的或见过的，缺乏新颖性。故学生对实验积极性不高，不利于培养学生的观察能力和思维能力。学生实验成了学生验证老师演示实验的实验，学生的思维力度和观察力度都不大。因此，有些学生在实验之前早已填好了实验报告，实验过程中对一些细微现象、反常现象则观而不察，严重制约着学生观察能力和思维能力的提高，实验也就没有达到应有的效果。

新教材中的科学探究和实践活动等实验则是课堂教学的延伸，实验内容与生产生活实践联系得更加紧密，实验过程中的设备、用品也不完全拘泥于实验室已有的设备、仪器等，这样的实验活动使学生在实验过程中的自主性更大，学生兴趣也更高。

3. 化学实验基本方法编写发生的变化

新教材是把化学实验基本方法放在第一单元，作为专门的一个课题，它融科学研究、基本操作与基本方法的教学、复习巩固于一体。同时，实验学习、科学研究的方法有利于突破思维定式，培养创新精神。

4. 注重实验的探究性

（1）新教材中几乎每个实验都有表格要填写，这势必要求学生参与到探究活动中来，给学生提供科学探究的方法；观察描述实验现象，分析小结其原因能让学生体验到探究活动的乐趣和学习成功的喜悦，并进而体会到化学学习要关注物质的性质、变化过程及其现象等。

（2）更加注重实验之后的"讨论""探究"。孔子说："学而不思则罔。"因此，新教材在很多实验活动之后设置的一些"讨论""探究"对于提升学生各方面的能力有很大的作用。

（3）注重实践活动中与其他学科之间的衔接，紧扣时代特点，要求学生在实践中会利用现代信息技术进行探究，使得学生有更多综合运用知识、技能的机会并能形成创新能力。

二、新旧教材实验设计的变化给予的启示

1. 围绕素质教育，加强科学方法的传授

化学教学中存在这样的现象："一听就懂，一放就忘，一做就错。"其实，这是不注重科学方法传授的结果。在实验教学中，不能只是教师做实验、学生看现象，而要告诉学生去观察哪些地方，还要鼓励学生说出自己的看法，不一定仅局限于书本上的和老师提的问题，要培养学生的发散性思维能力，做到举一反三。

2. 领会课程改革的精神，创造性地运用教材，实施探究教学

美国教育家杜威认为："除了探索，研究知识没有别的意义。"我们进行实验教学时，必须深入领会教材改革的精神，创造性地运用教材，以学生为本，

高度重视探究性实验的教学，变知识传授为培养学生的科学探究能力与创新精神，这也是新课程标准所要求的。

3. 注意选择与社会、生产、生活密切联系的实验内容

在化学实验教学中，应当联系社会关注的一些热点问题，引导学生关心、思考社会生活实际中的问题，正确认识科学、技术和社会的相互关系，培养学生的"社会公民"意识、环境保护意识、绿色化学意识等。

参考文献：人教版新课标前后化学教材。

通过认真研读新课程的相关教材，我对高中新课程教学改革的认识更深，对课改的精神吃得更准，这样在新课程教学改革的实施中就更加得心应手，个人的职业、专业也得到了长足的发展。

二、工作环境发生变化：主动融入、虚心学习、争取有进步

在二十多年的职业生涯中，我经历了在学校从事高中化学一线教学工作、在教研室从事中学化学教学研究工作，之后又重回教学一线的过程。这个过程中，有工作单位的变动，有工作性质的变化，还有跨地域的调动。每次的变化，我从一个工作领域的熟手到另一个领域的新人；从一个经济欠发达、生我养我的熟悉的内地小城，到经济发达、陌生的一线大城。新的环境、新的工作，我主动融入其中，虚心学习新知，只为能在职业发展上有所进步，只为不忘教育初心。

在高中化学教学一线，工作的重心是教学。这些工作，学校在每学年每学期的开学之初，都会根据国家的课程标准制订相应的教学计划，做好每个学段每个月每周次的工作部署，教师的学科教学工作时刻细化到了每一周的每一天，作为一线教师，主要的任务就是按部就班地完成学校规定的学科教学工作。在工作时间和教学任务的安排上，教师的主观能动性非常小。在一线教学的日常工作中，作为年轻教师在完成学校规定的教学任务外，为了提升个人的教学水平和教学业务能力，还必须有计划有目的地参加各种与教育教学有关的职业培训或业务学习。在学习过程中有跟班系统学习、拜师求经、模仿先进、内化提升。曾经作为年轻教师的我，在入职初期的两年里，为了尽快地将在大学里学到的有关教学的理论知识更好地与实际教学相融合，几乎每天都要在完成教学工作之后，虚心向有经验的资深教师学习"备课""上课"等教

学业务，不时地跟班听课；再适时地参加各级教育教研部门组织的各种教学业务活动，拓宽视野，结识同行，互动学习；之后再参照模仿，结合自身特点，慢慢形成个人的教学风格。通过不断的学习和工作实践的积累，当个人教学能力和教学水平达到一定高度时，积极参加教育教研部门组织的各种教学业务比赛活动，在活动中进一步增长见识、提升自我、展示实力、寻求发展。我曾于2005年参加抚州市高中化学青年教师优质课比赛活动并获一等奖，之后2006年我作为抚州市的高中化学教师代表参加江西省高中化学青年教师优质课比赛获一等奖。

2008年，我的工作由学校高中化学教学一线转为中学化学教学研究，高中化学教学与中学化学教学研究这两项工作，有相通的地方，但也有很大的差距。在教研室从事中学教学研究工作，个人可自由安排的时间更多，工作任务不像在学校那样具体和细化。中学化学教学研究是对中学化学学科教学的各个方面进行系统的理论分析和研究，中学化学教学工作是它研究的主要对象，但不是唯一。中学化学教学研究工作的起点更高，这项工作需要从国家课程设计的层面去研究中学化学教学工作，需要研究如何对中学化学教学进行评价并付诸实践，需要通过组织中学化学教学研究活动或教学业务评比活动来帮助中学化学教师提高教学水平和提升业务水平。因此，中学化学教学研究工作是有别于一线高中化学教学工作的：在一线教学的教师，在专业发展上只要通过努力，独善其身；但作为教研员，不但在自身教学教研的业务上要精湛或拔尖，还要引领区域内本学科的教师在专业发展上有长足的进步。

我进入教研室后，首先是潜心翻阅教研室的工作档案与材料，明白了教研室的工作主旨是"教研、服务、指导和管理"。其中"教研"是指教研员个人必须对学科教学进行深入的研究，了解学科教学发展的历史、现状以及未来，掌握学科教学的科学方法和先进的教学手段，了解区域内本学科教师专业发展状况等。"服务"是指教研室的工作是为一线教学服务、为一线教师服务。"指导"是指教研员进行学科教学研究的目的是指导一线教学。"管理"则是教研员有义务有权利按照国家课程标准对学科的一线教学、课程安排等进行监督和管理。之后，通过虚心向资深教研员讨教、不定期地参加相关工作培训等方式进行学习，再通过组织各种学科教学研究活动和教师教学业务比赛等实践使青年化学教师快速成长，业务水平精进。

随着时间的推移，在从事教研工作一段时间之后，我越来越感觉，教学研究工作离不开教学一线，脱离教学一线的教学研究就像失去土地的农夫一样，他的劳动是虚无缥缈、无本无源的。为此，在教研室工作了几年之后，我主动向领导申请，回到曾经工作的学校，在一线兼任高中一个班的化学教学工作。重回一线，面对熟悉的校园、熟悉的课堂、陌生的学生，感触颇多。有日记为证。

2013年9月2日：今天上了重上讲台的第一堂课，东扯西扯居然扯了一节课，但自己感觉明显没有以前上课的那种随意和轻松，许多非常熟悉的化学用语到了嘴边居然有点吞吞吐吐的感觉。看来任何熟悉的事情搁置太久也会慢慢地变生疏。不过今天看到那些学生感觉他们真小，因为他们都是我儿子的同龄人，从我内心来讲，感觉他们的一举一动都是那么可爱，比以前的学生感觉幼稚得多。

2013年9月4日：这两天，时间被分割得支离破碎，教研室、学校两头来回跑，还真感觉有点累，累的不是体力而是等待：坐在教研室，想着还得回学校上课，大概什么时候就得动身走人，到了学校，掐钟看时，踩着铃声等待上课。单纯地在教研室上班，真是天不管地不管，逍遥自在，一天班可短暂了，电脑一开一关就过去了。现在回学校虽然只兼一个班的课，可备课、上课、批改作业哪一样都得毫不含糊地认真对待，这样的一天电脑得几开几关才能过去。

2013年11月1日：昨晚上了晚自习，直到9：40结束，奇怪的是，忙了一天回到家居然睡意不浓，这情形已经好几年没出现过了。自从离开学校后每天晚上不到9：00就上眼皮打下眼皮困得不行。看来这是越睡越困。

2013年12月5日：好久没像今天这样忙过了。上午匆忙备了一节课后，马不停蹄地审读了老师们交来参评的几篇论文和几个课件，接着大致看了下今年上半年要立项、结项的课题，为了慎重没有像以往那样看完就挥笔提意见。午后上完一节课，就急匆匆回到单位为大姐兼省上司的上课课件搭框架找素材，在实践中将逐渐被遗忘的操作又慢慢地拾回来了，真是帮人利己……连续几个月上课，我也找回了以往上课时的从容、随意的感觉了。

2013年12月31日：今天是今年的最后一天，回顾这一年，在无所事事后，再次地回到熟悉的课堂，但回来后，发现物是、人是、事非，还是那熟悉的学校，还是那些熟悉的同事，还是十六七岁的学生，但以前学校的那种内在的紧张、同事间的暗暗较劲、学生的张扬个性都不见了，深究后看到的是外表紧张实质松散的管理，同事们再也不埋头苦教了，有了无所谓的得过且过的内心敷衍，学生们没了棱角、没了朝气，变得乖巧虚伪，一言一行体现出良民的规矩，这样的学生完全成了学校按照一定的模式加工出来的千篇一律的产品了。

2014年5月5日：今晚上晚自习，因为是临时与别人换课，所以没有安排例行的考试，也就不用匆忙做卷阅卷。也因此有了足够的时间把弄讲台上的电脑。这几年学校的硬件设施确实比以前好了很多，不仅每个教室配备了多媒体设备，还能上网且网速较快，这在前几年几乎是不可能的。记得5年前在学校时，偶尔做了课件，上课还要到专门的多媒体教室去，那时整个学校也就四五个多媒体教室，要想用课件上堂课，那得提前几天与电教处的工作人员打招呼、填表制作计划，运气不佳时甚至排不上，那真不是一般的麻烦。如果不是临时上两年课，而是长时间地待在学校，那只要第一轮的3年，花点时间做好每课时的教学课件，从此以后的备课只要补充少许内容，真是不一般的轻松。

2014年9月10日：今天是教师节，收到几个以前的学生发来的祝福短信，谢谢他们！上午走进教室，学生齐声祝福"老师，节日快乐！"，感觉现在的学生比以前的学生更善于用语言表达自己了，这可能与现在更加注重培养学生表现、展示自己的能力有关。过去的学生相对含蓄些、羞涩些。但不管怎样，作为老师，学生的祝福是教师节收到的最好的礼物。下午开教研组组会，本来作为临时工，我是可以不参加的，但太长时间没参加这种会议了，再加上组长邓燕萍老师的邀请，所以还是按时参加会议。最大的感受是学校的这种会议还是千篇一律的空洞。老师们疲于应付繁重的教学任务，哪会有时间静下心来搞教研；学校追求的是升学率，而教研投入多还未必有看得见的实效，所以学校也不会像重视升学率一样重视教研。

经历了在学校从事一线学科教学、在教研室从事中学学科教学研究工作以及同时兼任一线教学和教学研究工作，我发现，一线教学与教学研究是相辅相成、互相促进的：有了教学研究后的理论做支撑，一线教学更有底气和章法；有了一线教学的实践为基础，教学研究工作更接地气、更有针对性、更有实效。

2017年，机缘巧合我调入广州市工作，工作岗位再次回到高中化学教学一线。因为之前已经有了多年的高中化学教学和中学化学教研工作的经历和经验，对于重回教学一线，自我感觉是轻车熟路，但真正进入课堂后就发现，作为经济发展水平较高的一线城市，广州市的教学理念和学生的学习状态与经济欠发展的小城相比，有着很大的差距。广州市在教学上以学生为主体相对而言体现得更加突出，这从一些事件的称呼（或名称）上也能体现出来。比如，课堂教学场所，有些地区称"教室"，广州称"课室"，虽然两种称呼只有一字之差，但"教室"似乎更注重"教"，那是以"教"为主，突出的是教师主导，学生是"受教"，在教学中是被动接受的对象；"课室"突出的是"课"，"课"是需要师生共同完成的，"课室"是师生交流的场所，学生与教师是平等的。再比如，在有些地区将考试场所称为"考场"，广州市则称为"试场"，两者在字面上只有一字之差，但"考场"强调的是"考"，学生是被考核被检测的对象；"试场"则感觉学生处在更主动一些的位置，是自我测试、自我评价。除此之外，在学校教育方面，广州市还有很多地方在细节上都更加体现以学生为教学的主体，更加注重学生德智体美劳的全面发展。例如，在课程的开设方面，我在广州市所见的学校几乎完全是按照课程标准的规定，开足开全所有规定需要开设的课程。而这些在很多地区往往因为场地、师资等条件的限制是没法做到或者做全的。这些差距与各地的经济发展水平有很大关系，也与不同地方的教育理念和教育观念有关。在很多地区，因经济发展水平欠佳，学生在未来的就业、发展等方面的可选择性小，所以他们的出路往往只有认真读书，考上理想大学，从而谋求更好的未来，这样就导致在经济发展水平不高的地区，应试教育成了学校教育教学的主体。在广州市，经济发展水平较高，学生在未来的就业及发展方面有更多的选择，所以，在学校教育方面更加注重学生的全面发展。

基于两地在教育教学理念和观念上的不同，我调入广州市进入学校从事高中化学一线教学后，为了能在尽可能短的时间内适应新环境下的教学工作，首先在课堂外，积极主动地学习：向同事学习、向同行请教、与学生交流。向同事学习：学习学校的教学传统、学习学校的文化制度、学习学校的教学评价方式等。向同行学习：学习学科的教学方法、学习学科的评价方式。其次，在课堂上调整教学方法，因为学校按照国家课程标准开设课程、安排每个学科的课时数，所以相对而言，化学学科的周课时相比内地要少。为此，在课堂教学上，我不再像在内地那样，把学科知识纵向挖深，而是纵向点到即止，横向外延拓宽，扩大学生的知识面。在作业的批改上，多采用学生自批自改，目的在于让学生参与对自己的评价，增强对自己学业发展水平的了解。

作为教师，不管是因为有幸参与国家课程教学改革还是因为工作调动，带来工作性质或工作环境的变化，都应该以饱满的工作热情、积极的工作态度，主动学习，主动适应，主动融入，在改革和变化中求得个人的进步和专业的发展。

第三节　生生不同　随 "遇" 而教

在当下的以 "班" 为单位的课堂教学模式下，一个班是由几十个形色各异的学生组成的，这些学生每个人都是一个独特的个体，他们有着各自不同的生活学习经历和家庭身世背景，有着各自不同的个性、不同的兴趣、不同的思维方式，不同的人生观、价值观和世界观。他们在学习态度、心理承受力、学习能力、学科知识认知水平等各个方面都会有很大的差异。面对这些有个性、有差异的学生，如果用同一种方法去管理和教育他们，或者用一种教学方法去对待每一个学生，这样的教育教学效果是不尽如人意的。作为教师，我在教育教学上的方式是因时因势因人，因材施教，也即随 "遇" 而教。

一、学科教学，合理设计、兼顾全体、因材施教

面对在各个方面有着不同差异的学生，在学科教学上，我的应对策略是：合理设计课堂教学方案，在学科教学内容上兼顾全体学生，在教学方法上因人而异，尽可能做到因材施教。

在课前 "备课" 时，教师应充分考虑班级学生的差异，在教学内容的呈现上兼顾不同层次的学生。例如，在 2008 年后实行的高中课程设置和高考模式下，高考考试方案为 "3 + 综合（文科综合或理科综合）"，其中选择了 "3 + 理科综合" 的学生，化学是高考科目之一，学生在高二年级时，必须继续深入学

习化学学科（选修部分），而选择了"3＋文科综合"的学生，化学仅作为学业水平考试科目，无须继续深入学习。但所有的学生在高一年级都必须学习高中化学必修部分。以人教版高中化学教材为例，其中高中化学教材必修2的内容与选修4、选修5的内容有很多重叠交叉的部分，因此，在高一下学期，教师在教学中就要考虑，如何兼顾对化学有高考要求和仅把化学作为学业水平考试科目的学生的学习需求？我的做法是：将必修教材和选修教材中重叠的部分合理地整合，对教材进行"二次开发"。撰文如下。

遵循与超越
——浅论人教版高中化学教材"二次开发"

高中化学新课程标准的实施使广大化学教师开始摆脱"教材权威"和"教材神圣"的旧教材观，取而代之的是"课程资源意识"和"教材使用意识"的新教材观。新教材观的实现与发展和教材"二次开发"理论与实践的认知与实践关系密切。因此，学习和实践化学教材"二次开发"对更加有效地贯彻和落实课程标准具有积极的促进作用。

我是化学教研员，同时在教学一线兼课，亲身经历了新课程实施三年以来的高中化学教学，关注教材的"二次开发"。本文就人教版高中化学教材的"二次开发"谈些实践操作的方法以及切身的体会，望与各位化学界同仁共同探讨，共同研究。

1. 改变教材使用观：改"教教材"为"用教材"

在教材内容和教学内容之间，存在着一片不确定性的开阔地，这为教师创造性地教学提供了发展的空间。化学教师应依据课程标准、具体的教学情境和学生学习的需要以及自身的教学能力，对教材内容进行个性化演绎和创造，合理地开发和组织教学内容，逐步从"教教材"走向"用教材"。通过对教材"二次开发"，使"文本"教材变为"资源"教材，更好地实施有效教学，弥补教材的内在缺失，增强教与学的实效性。从根本上扭转教师"教教材"的传统观念，形成"用教材教"的新理念。例如，在现行人教版化学教材中的《资料卡片》《科学探究》等栏目，教师在教学时既可把它们作为课堂教学内容之一，也可把它们作为学生课余的阅读思考材料或者增长学生知识的补充资料。

2. 调整教材中原有知识点的顺序，理顺其内在的逻辑关系

实践证明，通过对教学内容进行组织及精心安排所呈现的内容序列符合学生认知规律，可以取得良好的教学效果。因此，教师有必要帮助学生挖掘知识内涵，将隐藏在知识背后的联系显性化，将所教内容线索化、结构化。

这种调整教学顺序、整合教学内容的方法主要有：单一章节内的教学顺序的调整，模块内教学内容的整合，必修、选修之间的整合。

例如，人教版高中化学必修1第三章《金属及其化合物》所呈现的内容非常多，学生学习起来感觉很混乱没有线索，主要是因为这一章涉及的知识点有常见的主族元素和过渡元素的单质，也有它们的化合物等。针对这种情况，教师可以对这一章节的知识进行重新梳理，形成以下知识结构：

钠及其化合物→铝及其化合物→铁及其化合物→三种常见金属（钠、铝、铁）单质及其化合物的比较→用途广泛的金属材料。

这样梳理知识后，第一，把散落在不同章节的知识点有机地组织起来，而且这些知识点之间的关系也一目了然，都是某一元素的单质及其化合物。第二，把以上知识用"元素"一词概括，暗示了原子结构对物质性质的重大影响。第三，教师在这样的讲授分析中，教会了学生学习化学的方法——构建知识网络，提高了分析化学的能力。第四，教师对教材的调整和重新梳理也鼓舞了学生不拘泥于教材、大胆创新的意识。总之，知识、能力、情感态度、价值观就这样在教学过程中得到了实实在在的贯彻和落实。

3. 通过挖掘教材易忽视或隐性的内容，实现教材的"二次开发"

成熟的教材所传达的信息是丰富而多元的，有很多独特的部分可以用于辅助教学。在新课程标准背景下，教师通过多种教学方式从学生的不同认知角度完成既定的教学目标。当前，文本、图片、音视频材料、网络等新型的教学媒体都广为教师所用，而教材本身的助读系统和教材的"二次开发"却经常被忽视，如注释、图片等，它们往往是教出新意的关键所在。

人教版化学教材无论是必修模块还是选修模块都有归纳与整理，包括本单元知识要点、复习题，我们可以清楚地了解到这一模块的核心内容和本模块对学生的能力要求。这里面包含了编者对教师教学的希望，更重要的是包含了对学生的学习指导。

教材中还配有多种栏目，如"思考与交流""学与问""提示""资料卡

片"等，教师可以合理利用这些内容对正文进行说明、补充或延伸，帮助学生更好地理解正文，提高学生的化学兴趣，启发学生发现问题、思考问题、解决问题。

还有一个经常被教师忽略的地方是教材的注释和插图。对于教材中的注释，大部分教师习惯于将其作为理解教材内容的依据，其实有些注释还可以作为教学的开端，一些注释如果能被教师选来作为教学的一个环节，还可能成为教学中的一个亮点。插图的主要作用在于通过直观的图画帮助学生理解课文的相关信息。例如，在进行有关一定物质的量浓度溶液的配制的教学时，教师可将人教版高中化学必修 1 第 16 页的实验 1－5 与图 1－19 进行整合：这幅图创设了一种新情境，直观生动地将一定物质的量浓度溶液的配制所需要的仪器、步骤、操作方法等体现出来了，激发学生学习的兴趣和积极的思维。问题的设计立足基础知识点帮助学生掌握配制一定物质的量浓度溶液的方法，将学生的思维引向一个更高的水平，让学生的化学视角更加开阔，化学思维更具广度和深度。

4. 努力改进测评训练，让学生更好地体验化学、感悟化学

测评训练是帮助学生运用已学化学知识、技能与思想方法，观察、解释、评价化学与化学有关问题，进一步走近、体验与感悟化学的重要手段，是有效实施课程再开发必不可少的环节。化学测评训练应努力突出化学实验、物质结构与性质的关系在化学认识中的重要作用。为此，教材在课文中设计了"学与问""思考与交流""习题""复习题"等栏目。"习题"是对每节必须掌握的内容进行检测；"学与问""思考与交流"内容丰富，是为有兴趣和学有余力的学生设计的可探究活动。

除此之外，教师还可以根据实际需要，补充一些测评训练。

例如，学习了人教版高中化学选修 5 第二章的第一、二节后，教师可另行编制一套有关烃类的训练习题，以加强学生对这部分知识的掌握。

化学测评训练的设计形式多样，灵活多变。如何通过多样化、个性化的方式，使学生积极参与学习训练，用足、用活学习空间，达到课标中共性与个性的发展目标，并与其他学科的学习产生综合发展效果，应是中学化学课程测评训练及其设计必须考虑的基本问题。

5. 通过组织研究性学习等新型学习模式实现教材的"二次开发"

（1）研究性学习

新课程标准强调培养学生的自主学习意识，强调在教学过程中鼓励学生进行研究性活动，激发学生的创新思维。而研究性学习无疑是一种较开放的学习方式。在这一过程中，教师的角色应该是学生学习的伙伴，只在必要时对学生的研究思路和研究方法进行指点。

例如，人教版高中化学必修 1 第 62 页的实践活动"铝盐和铁盐的净水作用"，可以组织学生在课余时间完成，然后搜集不同地域的学生有关活动后的数据和材料进行整理，引导学生正确描述实验现象和得出正确结论。

通过这个研究性学习方案增强学生对化学知识的感性认识，并且通过分析、比较化学现象，让学生理解化学知识在日常生产生活中的实际应用，体验自主探究和合作学习的过程，学会利用实验的方法学习化学，通过调查访谈听取他人的见解等实践体验。

（2）学案

学案是指教师依据学生的认知水平、知识经验，为指导学生进行主动的知识建构而编制的学习方案。学案实质上是教师用以帮助学生掌握教材内容，沟通学与教的桥梁，也是培养学生自主学习和建构知识能力的一种重要媒介，具有"导读、导思、导做"的作用。

学案的编制要以教案为依据，要体现出学生学习的心理特点，要根据不同的教学内容进行设计，一般包括"学习目标""学习重难点""知识结构""知识梳理""探究思考""同步练习""质疑与反思"。

（3）引入相关课外知识

教材是重要知识点的浓缩。教师在教学过程中适当地补充和引入相关课外知识，可以帮助学生更好地理解课内知识点，拓宽学生的知识面，加强学生认识的深刻性。

参考文献：

[1] 人民教育出版社，课程教材研究所．普通高中课程标准实验教科书《化学》必修 1、选修 5 [M]．北京：人民教育出版社，2004．

[2] 高兴帮．中学化学教学设计中适度重整化学教材资源例谈 [J]．中学化学教学参考，2011（5）．

通过对选修与必修教材的重新整合，让选择"3 + 理科综合"的学生，在高二阶段继续学习化学相关章节知识时，不会有重炒回锅饭的感觉，会感觉相同的知识点在高二阶段是高一阶段的延伸和拓展。而对于仅把化学作为学业水平考试学科的学生而言，对化学相关知识有了通识性的了解，达到了课程标准所规定的增加公民个人的文化知识素养的目的。

对于不同的学生，教师在对其进行课堂教学时，应该根据学生的不同性格、不同思维方式、不同学习沉静度采用不同的方法和手段。

比如，我在其他地区教学时，所接触的学生自觉性比较高，大部分学生学习比较认真，在一些实验操作教学上，可以先进行相关理论知识的教学，然后再让学生动手操作；在调入广州市后，我的教学顺序就颠倒了过来，先让学生动手体验再进行理论指导。以《酸碱中和滴定》一课的教学为例，我的两种教学设计如下：

第一种设计	第二种设计
一、理论讲解	一、学生操作
1. 原理、实质：$H^+ + OH^- = H_2O$	（1）熟悉仪器。
$C_酸 V_酸 = C_碱 V_碱$	（2）按照教材要求进行实验操作。
2. 实验的关键	二、学生反馈操作中遇到的问题
（1）测定溶液体积。	（1）仪器的构造、使用方法与注意事项。
（2）确定反应的终点：选用合适酸碱指示剂。	（2）实验操作中出现的问题。
3. 仪器、用品和试剂	三、教师归纳
二、边讲边演示	1. 原理、实质：$H^+ + OH^- = H_2O$
4. 实验步骤	$C_酸 V_酸 = C_碱 V_碱$
（1）滴定前准备：①检查；②洗涤仪器。	2. 实验的关键
（2）装液。（3）取液。（4）滴定。	（1）测定溶液体积。
（5）读数。（6）重复 $2\sim3$ 次。	（2）确定反应的终点：选用合适酸碱指示剂。
（7）计算：取平均值。	3. 仪器、用品和试剂
三、学生跟样操作练习	4. 实验步骤
	（1）滴定前准备：①检查；②洗涤仪器。
	（2）装液。（3）取液。（4）滴定。
	（5）读数。（6）重复 $2\sim3$ 次。
	（7）计算：取平均值。

前一种设计，学生先学习相关的理论知识，在理论的指导下进行实验操作，

课堂效率高；后一种设计，学生先动手操作，再根据操作后的体验，归纳总结出理论要点，学生记忆深刻。

二、师生相处，平等相待、着眼未来、随 "遇" 而教

在我工作的二十多年的时间里，作为教师，我先后在两所不同地域、不同层次、不同风格的学校工作过；作为教研员，我走访参观过无数的不同类型的学校。这其中有把应试教育做得非常突出的小城重点中学，也有经济发达地区的自由、多元的普通中学。对比我所经历和了解的这些学校的学生，有共性也有很大的差异。在处理师生关系上，不同学校的教师采取的方法和态度是不同的；即便是同一个教师，在不同时期，随着自己经历的增加、年龄的增大，与学生相处的方法和心态也是大相径庭的。

在崇尚应试教育年代，我们的教学目的是按照高考选拔的标准将学生培养成会解题、能得高分的应试高手：他们没有个性，没有棱角。在这样的教育观念下，作为教师，我们愿意并喜欢与听话的学生打交道，因为他们会解题、能得高分，能考上高端大气的拔尖学校，所以我们表扬他们，称赞他们，以至于我们忽略了他们的缺点和不足。这不是学生的错，也不是教师的不对，而是我们教育出了问题：教育走向了功利化，我们衡量一个学生的优秀与否，不是看学生作为人的发展情况，而是看其考试分数、考试录取情况。

随着时代的发展、社会的进步，我们的教育理念和教育观念也发生了变化：国家教育方针政策中明确指出，教育的根本目的是立德树人。教育不再唯分数论，教育要着眼于人的发展。基于此，我们对学生的评价也发生了转变，师生之间的关系也不同了。师生相处，提倡的是平等相待，教师要着眼于学生的未来，为学生的未来发展服务，教学要因材施教，做到随 "遇" 而教。

课堂教学中，学生是学习的主体，教师是主导。在学科知识的教学中，教师是知识的传授者，学生是知识的学习者。在人格上教师和学生是平等的。基于此，作为教师，要消除以前那种在专业知识上的不平等的观念，消除教师以前那样有意无意地把自己树立成知识权威的行为，消除教师时不时讽刺或挖苦学生的行为，坚决杜绝教师辱骂甚至体罚学生的行为。在学科知识学习上，消除以前那种学生习惯于服从权威，服从标准答案的行为，要提倡学生敢于在课堂上发表与教师不同见解的行为。

在课堂外，很多老师都与学生保持着多种渠道的联系，尤其是作为班主任。曾经我的手机是 24 小时开机，学生和家长都有我的手机号，以便遇到问题时能够及时沟通解决。有了微信以后，我还经常利用微信与学生进行交流，在微信群里和家长同步交流各种信息。因此，很多时候，我的个人生活与学校的教育工作其实是掺杂在一起的，难以分割开来，师生关系也在一定程度上从学校的公共空间延伸到了家庭的私人空间。细想，这又是一种过分行为。

当今，社会主义核心价值观追求的是"自由、平等"，对个性发展的要求日益重视，当代教师就该放下"师道尊严"的架子，像朋友一样真心平等地去对待每一位学生，树立平等和谐的师生观。发自内心的平等，要自然地体现在日常教学生活中的每个细节里。教师平等的师生观，换来的将是学生的真心尊重和真诚相待。比如，在我们的印象中，老师找学生谈话的情境：老师端坐办公椅上，学生低头站在办公桌边，一问一答地询问着或者训斥着……我做班主任时，每次找学生谈话，学生进入办公室后，一般都是先请学生搬凳坐于旁边，然后再开始交流或询问……这简单的"站"和"坐"就有了"训问"和"聊天"的不同氛围，这简单的"站"和"坐"就有了师生气势上的"平等"，有了气势上的"平等"，交流的就是"真情"和"实话"。

古有云："师者，传道授业解惑也。"教师是知识的拥有者，传统的师生关系中，教师是学科知识的传授者。"学识渊博""博学多闻"是教师的典型文化特征。当今，随着信息技术和大众传媒的发展，知识更新迅猛，文化资源不断地丰富，学生也成为文化资源的拥有者。为此，新时代的教师与学生是伙伴关系，是互动关系。在传统学科知识的学习中教师是传授者，是学生学习的引导者和促进者；但对于日新月异的新知识、新事物，教师也是学习者，教师与学生是互动互助的合作者，是伙伴，甚至师生身份互换。生活中，很多人有这样的经历：从早期的电脑到现在的智能手机，其中的新软件、新功能，成年人要花很长的一段时间去摸索方能适应并操作，可许多学生甚至学龄前儿童却能在短时间内快速地熟练掌握。在这些新事物、新名词的学习和接受的过程中，我们是学生的学生，学生是我们的老师。这正应了《师说》中的"是故弟子不必不如师，师不必贤于弟子，闻道有先后，术业有专攻，如是而已"。

　　综上所述，新时代的师生关系是平等的，教师的教育教学必须围绕学生的未来开展，在学科知识教学上要因材施教，在教育方式上做到随"遇"而教。

"教师发展"之道

社会主义教育的终极目标是培养德智体美劳等方面全面发展的社会主义事业的建设者和接班人。教育要发展，作为教育主导者的教师首先要得到发展。教师要发展，怎样才能实现呢？是靠外在的、强加的命令驱动，还是依靠内在的、自发的动力驱使呢？

第一节　教师再学习

时代在发展，社会在进步，知识更替日新月异。为适应时代和社会发展的需要，作为知识的传授者和传播者的教师，就必须进行再教育和再学习。对于在职教师的再教育（继续教育），在《中华人民共和国教师法》中有专门的相关规定，也有具体的相关部门负责落实实施，我在此不再赘述。在本节中，我结合自身的工作经历和个人的心得体会，谈谈我对教师再学习的感受。

一、教师再学习的必要性

教师再学习，是教师个人成长的需要和职业发展的必经途径。一个人，学习精彩，人生才精彩；一个教师，学习精彩，教学才精彩。我曾撰文《学习精

彩 教学才精彩》，全文如下。

学习精彩 教学才精彩
——浅论青年教师的成长

追求成功和卓越是每个青年教师曾有过的梦想，可是若干年后，为什么有的人成功了、优秀了、杰出了，而有的人落后了、平庸了，甚至被淘汰了呢？差距是怎样拉大的呢？究其原因可能有多方面，但教师是否注重学习可能是其中的一个重要因素。那么，青年教师的成长应从哪些方面去努力呢？

一、勇进取

目标是一个人做事的内在动因，目标越具体，做事的自觉性和积极性越高，效率越高。打个比方：同样是走路，一个人无目的地闲逛，另一个人赶火车，他们的行路速度与效率情况是怎样的呢？显而易见，那位赶火车的人是那位闲逛的人的行路速度的几倍。这就是因为赶火车的人目标明确。

青年教师的成长也是同样的道理。一个有着明确成长目标、奋斗目标和研究目标的人与一个没有目标或者目标模糊的人，几年以后其成长速度和结果是大不一样的。我国的乒坛名将、世界冠军邓亚萍在一次电视节目访谈中说到她成功的诀窍："我心里始终为自己制定一个赶超目标，一个接一个地往前超越。"从几岁刚开始训练，她就不断为自己锁定赶超目标，这个阶段要超过谁，下个阶段又要超过哪个对手，心里始终有一本账。一个接一个的目标激励着她坚持不懈地刻苦训练，不断超越极限。

那青年教师如何做好职业生涯规划呢？

第一，要评估好个人的能力、志趣、特点和潜能。第二，要分析影响个人职业生涯发展的因素，包括自身综合素质、能力、身心状态、社会环境、人际关系、机遇和机会等。第三，要了解教师职业生涯发展的四个阶段：适应阶段、练就教学基本功阶段、形成教学经验和技巧阶段、总结提升教学艺术阶段。第四，仔细确定职业生涯的具体目标、远景目标及行动策略。第五，全面设计职业生涯路径，审视职业生涯机会，最终逐步达到职业生涯的阶段性目标。

二、多读书

读书是教师专业成长最直接、最简便、最有效的途径。"知识就是力量"，在这个知识竞争激烈的时代，知识的卓越能让人睿智。读书能陶冶情操、认识自然、认识社会。所以，我们要多读书，读好书。

多读书，能让我们紧跟时代潮流，能让我们开阔视野，能让我们做到“秀才不出门，能知天下事”。作为教师，要给学生一杯水，必须自有一桶水。读书可以让我们不仅有一桶水，还可使这桶水由死水变活水，源源不断，永不枯竭。

作为青年教师，读书既要读教学专业的书籍，也要博览非学科类书籍。读专业性书籍可让自己的专业发展少走弯路，用最快的时间完成由“实习教师”到“合格教师”的转变。博览非学科类书籍，可以开阔视野，可以使人明事理，可以让人勇敢地面对困境，用正确的方法解决问题、战胜困难，可以让我们实现由“合格教师”到“优秀教师”的跨越。

作为教师，读书时要有所取舍，要汲取精华，舍弃糟粕，这样我们才能明智聪慧且豁达。读书后要对照、反思、内化，这些能让我们由“优秀教师”升华为“教育专家”。

三、多交流

交流，是人类社会的一项基本活动。随着社会的发展，交流的频率变得越来越快，交流的作用也显得越来越重要。尤其是人际间思想、感情及知识领域的交流，更应为我们所重视。

交流出友谊。俗话说，人非草木，孰能无情。这种感情是在相互交流中建立起来的。交流越多，相互了解就越多，彼此感情就越深。那种“鸡犬之声相闻，老死不相往来”的自我封闭状态，是难以产生感情的。作为青年教师，在工作中与同事、前辈多交往、多交流，能让我们与同事有共同语言，为我们的专业发展奠定共事的基础。

交流出思路。思想交流是层次最高也是最为重要的交流。交流思想，可以丰富头脑，启迪智慧。有人说过：倘若你我各有一个苹果，彼此交换后，仍然各有一个苹果；但假若你我各有一种思想，彼此交换后，每人就有两种思想了。交流是一种智慧的摩擦，随之而来的就是新思路的产生。与同事、前辈的交流可以让我们获得最直接最实用的教学方法、教学思路，使我们明确专业发展的方向，明确专业发展的目标。

交流长见识。在知识经济时代，人们越来越感到知识的力量。一个人即使智商再高，个人占有的知识也有限，交流可以弥补这种不足。人人都有自己的长处，都是相关知识的占有者。所谓“三人行必有我师”，青年教师只要抱着这种态度与人交流，就能够在交流中汲取、借鉴他人的新知识，丰富提高自己，就能够让知识积累得越多。知识多了，思路宽了，能力强了，就会在教学专业的发展中脱颖而出。

四、多思考、多研究

很多青年教师刚走上工作岗位，便因事情较多而每天忙得不可开交。但我认为：千万别忙得连思考的时间都没有了，否则，你就成了一个做事的机器人了。如果一味地去埋头做事，而不去思考这个事情为什么这样做，有没有更好的方法去做，我们就如同一台只懂得听指挥的机器，难以有自己的创新思维，难以发现更好的工作和教学方法。

在日常的教学中，我们要思考、要研究，思考为什么这样做，研究如何做，研究教学目的、教学规律、教学手段、教学效果，最终明白教学的本质。

勇于进取，让我们有学习的目标，多读书、多交流是我们学习的途径，多思考、多研究是我们学习的升华、内化。作为青年教师，做到这些，学习会精彩，教学必定会精彩，教师的专业发展之路也必定会精彩。

一个教师，在一线从事学科教学，随着时间的推移，会越发感觉自己的知识不够用，会迫切地产生需要继续学习的诉求。这一点我心有感受，有文为证。

学习　学习　再学习

待学校、站讲台，两耳难闻窗外事，时间长了，就觉脑袋空空、胸无点墨，第一次自觉意识到"要学习""要充电"。

为此，暑假的第一天我就开始了学习第一站：赴珠海参加了北京师范大学承办的为期四天（7月13日—7月16日）的"种大树"生命成长营——师德大讲堂活动。四天的活动，以"国学"为主题，不同专家、名家从各自研究的领域对中华优秀传统文化进行解读。与以往听过的报告一样的是专家们的讲座中少不了"表扬与自我表扬""显摆与自我显摆"，也有触人心灵的真知灼见。其中有81岁高龄的郭齐家老先生说的人该是"学到老，活到老"而不是"活到老，学到老"，也有来自番禺某小学的柯中明校长的那句"人在40岁后该对自己的名字负责"：名字是父母长辈起的，我们没得选择。起初，名字只是个代号，随着年龄的增长，名字代表的是一个"立体"的人：人的外貌、性格、气度、学识、能力等的综合体。

我记忆特别深刻的是来自菏泽的王西胜老师。初见他，一手摇折扇，一手拿古书，慢慢踱步入会场，一副江湖骗子的模样，让人不以为然。再听他，以通俗的白话、生动的案例，娓娓道来，解读《礼记·学记》，俨然是一位学识渊博、通古识今的大学者——人，真不可貌相。通过他的解读，我越发觉得中华传统文化博大精深：一篇《学记》，短短一千字，所阐述的教育理念、教育规律、学习方法、教学技巧等观点仍是现代教育人还在孜孜不倦地探索和追求的目标。

学习的第二站：驻留广州参加了华南师范大学承办的为期五天（7月17日—7月21日）的"2019年广州市名校长、名教师、特级教师工作室主持人培训活动"。培训活动中，有专家高屋建瓴的理论指导，有主管部门领导权威政策解读，也有同为广州市名教师工作室主持人的感同身受的心得交流……而最有价值的是省级名师工作室主持人何庆辉（协和中学副校长、江西抚州人、真切的老家人，之前在马文龙老师的引荐下，曾专程就工作室的建设当面请教）的工作室工作成功经验的分享。何校长的分享首先让我明白了工作室的工作细目繁多、烦琐，开展活动准备时对每个环节、每件事、每个点要有详尽的计划；进行中分工合作要发挥每个成员的特长，人尽其才，充分调动工作室学员的积极性；后续时要有详尽的记录，留存详细的学习资料，以备再学再用。再次，让我明白，传统的教研活动，虽说形式老套，但是能一直被大家接受并保持，就是因其效果显著、形式经典。只要计划好，执行好，其作用效果是显而易见的……

这一站的学习，领导和专家的讲话让我再次觉得：不站讲台的人说起教育，都是站在高处，说得头头是道；个案举例有理有据、绘声绘色；言语表达看似妙语连珠，实则堆砌新词故弄玄虚……

学习第三站：远赴西宁参加人民教育出版社组织的为期四天（7月26日—7月29日）的"教育科研与写作研修班"学习。以前作为教研员几乎每年都要参加人民教育出版社组织的教材培训，这些培训都是主办方包吃包住包交通费的，正因如此，常常不把培训当回事，只当是一次蹭吃蹭玩的机会。但这次研修班学习，不是人"要我学"，是"我想学、我要学"。全程培训，我像个听话的小学生，每天早早赶到会场，端端正正地坐在会场中央，全神贯注地听课，认真做笔记。

培训中，人民教育出版社报刊社的资深编辑、教授分别从编辑的视角和经验详细阐述教育科研论文写作的各方面的问题；从国家教育政策和教育改革的层面，探讨教育研究的热点及教研论文的选题；还有根据自己的写作经历，总结成经验倾囊相授……他们的讲座有相通、有己见；有些专深难悟，令人云里雾里；有些通俗易懂，令人茅塞顿开……

短暂几天的逗留，我感触最深的是在七月的盛夏，号称"夏都"的西宁却凉爽如深秋。人人都赞这里气候宜人，就像盛赞广州的冬天温暖如春，但我不喜欢，我觉得夏、冬季就该有自己该有的样子：夏天就得是燥热难耐、汗流浃背，冬天就该是天寒地冻、缩手缩脚……

半个多月的学习，暂停一段，后续再续……

在过去，由于知识更新的速度慢，学科内容相对稳定，再加上我国工作体制的因素，很多的教师长年累月只念"一本经"，在熟悉了本学科教学的套路之后，自己的教学方式就变成了一种难以改变也不愿意改变的固定模式，周而复始地使用。这样，教师自我感觉就是学科知识的权威。现在随着信息技术的飞速发展和教育改革的逐步深入，教育理论、教育内容、教育方法和教育手段也不断推陈出新。尤其是学校教育的研究更是蓬勃发展，研究成果日新月异。这就需要教师树立终身学习的理念。新一轮课程改革要求学生进行探究性学习，教师要帮助学生形成完善的个性，这就需要教师不断学习、不断更新陈旧的知识体系，通过拓宽自己的知识领域，满足学生学习的要求。教师只有拥有精湛的专业知识和广泛丰富的学科外知识，才有可能在教育教学中焕发出生命的活力。在知识更新异常迅猛的信息时代，教师只有终身学习，才能用言传身教的实际行动，当好学生学习的楷模。

二、教师再学习的方式与途径

教师的再学习，其方式和途径是多种多样的：有业余时间的自学，有与同行交流互动中的学习提高，有有目的的跟班培训，有听取专家报告等。

业余时间的自学，是教师再学习的最常见最主要的学习方法，它不受时间、空间的限制。这种自学，可以是教师通过阅读专业书籍的方式进行专业学习，也可以是通过网络博览古今、时事逸事等进行的休闲式学习。在当今这样信息更替极速的时代，网络阅读、网络查询是非常有效的一种学习方法。

比如，2002年，我所任教班级的班主任调离学校，学校让我接手担任这个班的班主任。这个班是学校的重点班，因为是新接手，当时的我是忐忑不安的，在后续的班级管理过程中，遇到了许多我从未遇到过的问题。我在为此烦恼不堪时，经人介绍加入了当时的一个非常有名的网络论坛 K12 的班主任论坛，在这个论坛中，我把我所遇到的各种班级管理问题一股脑儿地抛出，得到来自全国各个地方的同行的帮助：我每提出一个问题，老师们就能提出无数个解决的方法，我只要在其中挑选出符合我班级实情的方法落实就行了。自此之后，只要有闲暇，我就会进入论坛，阅读大家的发帖和文章，其中不乏很多当时不出名现在成教育大咖的老师的文章（如李镇西、魏书生等大咖级人物）。再后来，阅读多了，经历多了，遇到有老师抛出有关班级管理或者学科教学的问题，我也会谈自己的看法或做法，偶尔也会得到不少点赞。当然网络上的信息有真有假，文字信息良莠不齐，这就需要教师在网络上阅读、学习、摄取信息时要有选择有辨别，做到取其精华弃其糟粕。

教师同行之间的交流互动是教师在工作中较为常见的一种学习方法。这种学习方法可以是在闲暇时间的交流互动，也可以是在专业的听评课活动中的互相切磋、互相学习，最终达到共同提高的目的：作为青年教师，通过听课、请教等方式与资深老教师进行交流学习，往往会取得事半功倍的学习效果。作为资深的老教师，在与青年教师的交流互动中，能对社会中的新生事物、先进的教学手段、最新的教学理念等有更深的了解和体会。比如，我做化学教研员时，在组织中学化学教学研究活动中，常用的做法是：展示课、公开课的授课者一般请年轻的教师，而理论性的专题讲座则请资深的老教师完成。这样做的目的是年轻教师在教学手段的应用上往往有很多独特的、新颖的做法。

记得在2008年，我所在的城市，经济发展水平不高，很多学校的教学硬件设施不是很好，一般的学校不具备在课堂上把师生的课堂行为直接投影放大展示在屏幕上的条件。但在一次我组织的全市公开课上，一名青年教师在课堂教学时，用教室里的实物展示台的镜头对准某组正在进行实验操作的几个学生，并将之投影到教室前的屏幕上，这样这组学生的操作就被放大展示于大家面前。他用简单的实物展示台的镜头，解决了课堂上无法将师生行为放大置于众人眼前的大问题（这在当时是个大问题，现在科技发达了，经济发展了，这都不是问题了）。现场观摩的教师对这一举动表示大开眼界，为青年教师的开创性思维大加赞赏。这之后，几乎每所学校的教师都会利用这种方法将课堂教学行为进行放大展示。

随着工作时间的增长，有些在职教师会感觉自己在专业知识、专业素养、专业技能等方面有所不足或欠缺，就可能会考虑在适当的时候，参加一些专业技能或专业知识的跟班培训。这种培训是目的性非常强的一种技能或专项学习，这是教师求上进、求发展的体现。记得，我大学毕业分配到学校做高中化学教学工作之余，学校还安排我负责全校的高中学生奥赛辅导工作。高中化学奥赛试题所涉及的内容很多都是大学的无机化学、有机化学和结构化学等知识。在辅导学生时，每次在上课之前，我都要花费大量的时间去复习大学所学知识，很多时候上一节课45分钟，但备课却要花十几个小时。到后期，在进行物质结构相关内容的辅导教学时，因为我自己对这部分知识了解不多，掌握不够透彻，自学效果不好，为此，只能专门到大学报班跟班学习，在经历了半个学期的学习后，再回学校对参赛学生进行相关知识的辅导工作。像这种教学工作中必需的某些专业知识、专业技能等方面有所不足或欠缺的，就有必要进行专门的培训或学习，以求在工作中能取得更好的成绩。

教师再学习还有一种较为常见的方式就是听取专家或者资深教师有关教育或学科教学的专题讲座。对于这种学习，我个人是非常认可的。我一向这样认为，那些专家或者资深教师在针对某个教学中的问题进行专项讲座时，为了其自身的名誉、增加讲座的价值度，一定会把自己认为最有价值、最有意义、最值得自豪的内容或知识讲给大家听；作为听者，我认为，一个专家的一堂几十分钟或几个小时的讲座，讲的内容应该是他研究工作的精华，也许你不会认可专家或资深教师的讲座的全部内容，但只要你认真听，绝对会有一些或一部分内容对你而言有意义或有价值或有所触动。

例如，2004年，我有幸听取了一位资深高中化学教师有关化学实验的专题讲座，他讲了很多内容，都是他几十年教学经验的总结。其中他归纳总结出的气体装置气密性的检验是非常简洁明了、准确到位的：气体装置气密性的检查就像是自行车补胎前检漏的操作一样，总体操作就两个步骤：第一步，想方设法将装置密封（密封的方式很多，包括水封、关闭活塞、夹紧橡胶软管上的夹子等）；第二步，想方设法使装置内外有气压差，这样气体才会在装置内外有泄漏现象时而被发现。听完他的讲述，我对气体装置检漏的很多操作恍然大悟，之后对任何装置的检漏按此两步操作都能顺利完成，如以下两个装置气密性的检查。

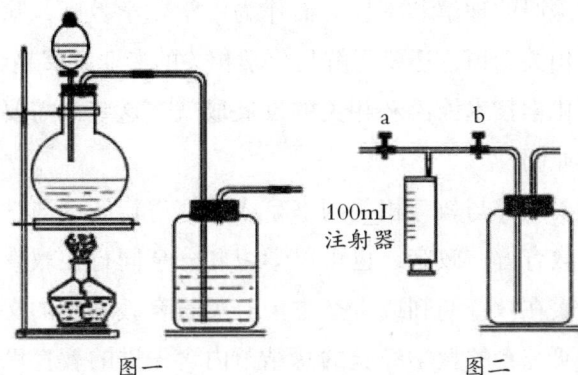

图一　　　　　　　　　　图二

验证图一装置的气密性：关闭分液漏斗上的活塞，把导气管的一端浸入水中（这些操作是第一步形成封闭体系），用热毛巾捂住烧瓶或用酒精灯给烧瓶加热（这些是第二步操作，使装置内外有气压差）。如果观察到导气管口有气泡冒出，而且在拿掉毛巾或撤掉酒精灯后，导气管中形成一段水柱，则证明装置气密性良好。

验证图二装置的气密性：先在广口瓶中装水浸没进气管下端，关闭 a，打开 b（这些操作是第一步形成封闭体系），向里推动注射器，进气管下端有气泡冒出，向外拉注射器（这些是第二步操作，使装置内外有气压差），进气管下端上升一段水柱，说明气密性良好。

对于专家或者资深教师创作的有关教育或学科教学的专题报告，只要认真听，一定会在某些方面有收获有感触，甚至对某些问题有豁然开朗的顿悟感。

三、教师再学习的知识内容

作为教师，对学习、读书内容的选择要与自己的职业特点相吻合，一般而言，包括以下几种书籍或内容：与自己专业有关的书籍或内容、与教育相关的书籍或内容、教育经典、与中小学生有关的书籍或内容、人文书籍或内容等。

教师再学习要有专业阅读（选择专业书籍或内容进行学习）。所谓专业阅读，是指基于教师专业发展的阅读，是教师在教育教学过程中直接作用于专业实践的自觉阅读。这种阅读可以拓宽和加深教师的专业基础，提高教师的专业素养。顾明远先生曾经说过："现代社会职业有一条铁的规律，即只有专业化才有社会地位，才能受到社会的尊重。如果一种职业是人人可以担任的，则在社会上是没有地位的。"作为教师要想在职业上取得长足的发展，就必须对自己的专业知识有比较深厚的理解和掌握。而作为中学化学教师，除了掌握和了解传统的化学教学的相关知识，还要了解与化学相关的专业发展趋势和面临的挑战，了解日新月异的化学技术前沿和相关的发展成就，这些都需要教师进行与专业有关的学习和专业阅读。

教师再学习要选择与教育相关的书籍或内容进行阅读与学习。这既可以让教师了解国家的教育方针政策，也可以学习和分享同行在教育教学方面的心得与体会。很多发表在教育期刊或者杂志上有关教育教学类的文章，那是一线教师或者教育教学研究者的教学经验的总结，内含先进的教育思想或教育理念或教学方法。教师在教育教学上遇到困惑或感到迷茫时，通过阅读或者学习这些文章，有时会有悟道解惑的喜悦，有时会有坦然面对的释怀，有时会有豁然开朗的敞亮，有时会有醍醐灌顶的顿悟，有时会产生心有灵犀一点通的共鸣。

教师再学习可选择教育经典类的书籍或内容，这可以让教师们以史为鉴，借古观今。真正的教育经典理论是永远不会过时的，永远是那样简洁且通俗易懂，如一本《礼记·学记》区区一千字，把教育教学的大道理、学习读书的小细节、宏观的办学制度、微观的治学态度等阐述得全面、清晰。例如，文中的一段文字："大学之教也，时教必有正业，退息必有居学。不学操缦（màn），不能安弦；不学博依，不能安诗；不学杂服，不能安礼；不兴其艺，不能乐学。故君子之于学也，藏焉，修焉，息焉，游焉。夫然，故安其学而亲其师，乐其友而信其道，是以虽离师辅而不反也。"其中的"时教必有正业"，就是说应该因时设教，所教内容一定要用先王正典，传授正能量的东西；其中的"退息必有居学"，是说课余时间，放假休息时，一定要有课外学习内容，把课堂延伸到生活中来；"不学博依，不能安诗"："博依"，广博地运用天地山川花草树木鸟兽虫鱼等万物进行譬喻；"安诗"，读懂诗歌里所传递的作者的心声。要想把诗学好，必须先学"博依"；"不学杂服，不能安礼"："杂服"，各种不同身份的人在不同场合下所穿的礼服；"安礼"，掌握各种礼的内涵、作用及其上演的程序。要想把礼学好，必须先学"杂服"等。这类的教育经典书籍，经历几千年的岁月洗礼和实践检验，到现今仍然是熠熠生辉，不褪色、不落伍。阅读这类书籍，教师在浏览历史中，找到教育教学的真谛。

　　教师再学习还应该选择与中小学生有关的书籍或内容，这样可以让教师走进学生的心灵，更好地了解学生，更好地为自己的教学服务。通过阅读与学生有关的书籍，教师可以了解学生在生活、学习上的喜好与追求，可以了解学生日常行为后面的心理背景，可以更充分地了解学生在学科知识上的认知水平和认知能力等。这可为教师的教学提供更加准确的学生实情，从而使教育教学更具实效性更高效。与学生有关的书籍或内容可以是专门的书籍，也可以是学生的作文、日记、文艺作品、书面作业等。

　　教师再学习还需要选择人文自然类书籍或内容。这些书籍可以是历史、哲学、中外名著、经典文学、名人传记、格言警句，甚至可以是散文、小说等。阅读或学习这些书籍，可以让我们了解人类社会发展的规律，了解人类发展的历史进程，了解世事人情百态，了解社会政治经济发展规律等；阅读这些书籍，可以增加教师在专业知识外的知识储备，扩展自己的知识领域，开阔自己的视野，陶冶教师的个人情操，这会让教师成为一个知识渊博的、有趣味的人（一个有趣味的教师是当今社会受学生欢迎的教师）。

　　教师再学习选择阅读的书籍或学习的内容很多，有的是宏观思考类，有的是微观探讨类；有理论的研究，也有经验的介绍。但不管是什么样的书籍或文章，都会从不同的角度向我们展示作者的研究成果，或者是作者在学习、工作和生活中的心得体会。对此，在阅读或在学习时我们应当采取务实而又灵活的态度，采用多种阅读方法，如通读、选读、泛读、精读。读完之后要掩卷深思文章的价值何在，作者在书中提出了什么问题，阐述了什么样的观点，总结了何种经验，提供了哪些资料等。同时，也要对所阅读的书籍或学习的内容进行审视鉴别，对他人的思想和理论要多问几个为什么，比如，作者提出的问题是否具有普遍性，作者的观点是否符合客观规律，思路是否符合逻辑，论证材料与提出的观点是否一致等。在进行辨析和质疑思考之后，再竭力采撷文章所反映的研究成果，使之成为自己的知识储备，内化为自己的思想，为自己的教学服务。

第二节 教师专业发展

教师从事的工作主要是学科教学和日常教学管理。学科教学是一项专业性很强的工作，教师在入职前必须取得相应的职业资格证书。教师在职业上要发展，其核心是教师的专业成长。这个专业成长过程，是一个教师对自己角色定位的认识过程，是一个教师终身学习的过程，是一个教师职业理想、职业道德、职业技能、社会责任感不断发展和提升的过程。

一、教师的专业角色定位

时代在前进，社会在发展，人们对教师的评价和要求正在走向多元化。在这种大环境下，当代教师必须从传统角色的定位中走出来，重新理解和塑造自己的角色，以适应时代和社会发展的需要。这些定位包括师生关系新定位、课程观念新定位、职业观念新定位、生活形象新定位等。

1. 师生关系新定位

教师与学生的问题是一个贯穿教育教学始终，涉及学校、社会和家庭等关系的复杂的问题。在传统的观念中，教师在学科知识上有着绝对的权威，在教学过程中处于主导地位，教师是主体，学生是客体。

当前，"以学生发展为本"是时代的主流，以此为基础的现代教育追求的是师生人格上的平等、交往过程中的以诚相待、教育教学中的因材施教等。由此，现代的教师与学生的关系新定位是：教师是学科知识的传授者，也是学生自主学习的引导者，教师是学生学习成长的陪伴者、促进者，教师是学生成长过程中的心理医生。

向学生传授学科知识是教师的一个主要职责。从这个角度来说，教师是学科知识的输出者。但随着信息社会的到来，先进的信息技术逐渐在人们的日常生活中得到广泛的应用，学生获取知识的途径不再仅限于学校教学和学校老师。

由此，教师就从知识的传授者和输出者，转变为学生自主学习的引导者。在这一角色中，教师的关键作用在"引导"。学生学习可以通过网络等渠道获取教育资源，并不意味着教师的作用减弱，相反，教师的"引导"比原来的知识传授要求更高。因为网络上的教育资源参差不齐，学生处于身心发展期，其辨别能力有限，此时就需要教师适时引导。

　　社会主义现代教育的目标是培养德智体美劳全面发展的社会主义事业的建设者和接班人，教育的主要任务是促进学生个性和谐健康的发展。为此教师不仅要督促学生学科的知识学习，也要关注学生的身心健康，更要关注学生的未来发展。这要求教师不仅要向学生传授知识，还要引导学生沿着正确的道路前进，并且不断地在他们的成长道路上设置不同的目标，引导他们不断地向更高的目标攀登。在此过程中，教师就是学生学习成长的陪伴者和促进者。

　　学生阶段，是其人格和心理变化的不定期。在这个时期，社会环境与家庭教育中的文化、价值取向、理想和信仰、道德情操、审美情趣等都会对学生人格的塑造和产生非常大的影响。此时，教师个人的职业综合素养"映照"给学生的反作用力是非常强的：教师的一言一行对学生人格的形成和心理素质有着"潜移默化""润物细无声"的功效，对学生思想品德的形成起着举足轻重的作用。现代教育提倡"德育"为先，它主导教育的育人方向。一直以来我们把教师比作"人类灵魂的工程师"，这也说明教师是学生精神世界的影响者、人格塑造的引导者。而现代信息社会，人们的生活节奏加快，社会上的各种不利因素对学生的身心健康发展造成了很大的负面影响。例如，有些学生在遭遇挫折时出现孤僻、焦虑、逆反、情感不适、缺乏自信等不良心理，作为与学生朝夕相处的教师，此时就有责任、有义务及时关心、疏导这些学生，使学生的身心向良好的方面发展。健康自信的心理能让学生正确认识现实，热爱生活、热爱学习，正确看待和处理在学习与生活中遇到的困难和挫折。学生的身心能健康发展，其智力才能得到正常发挥。

　　2. 课程观念新定位

　　在传统的教学中，教学与课程是分离的。

　　课程是国家委托有关部门或机构制定的基础教育必修课程或称核心课程。它集中体现了国家的意志，是决定一个国家基础教育质量的主要因素，因此，课程具有统一规定性和强制性。课程开设的目的主要有四点：一是确保所有学生学习的权利,二是明确规定学生在接受学校教育应达到的标准,三是保证学生在接受学校教育的连续性和连贯性,四是为公众了解学校教育提供依据。

过去,教师只是依据国家的课程标准执行学科知识的教学,是被排斥于课程开发与研究之外的,教学内容和教学进度是由国家的课程方案规定的。现今,我们的教育追求个性化、特色化和地域化,施行国家、地方、校本三级课程管理政策,这就要求课程必须与教学相互整合,教师必须在课程实施的过程中发挥主体性作用:教师不仅要与学生一起对课程教学知识进行加工和整理,还要承担起开发学校选修课程、综合实践活动课程资源的任务。教师要有课程的参与意识,提高和增强课程建设的能力,在实施国家课程方案的基础上,结合本地实际情况,编写适合本地使用的地方教材或校本教材。为此,教师要不断学习,提高自己利用、开发、研究课程资源的能力,不但做课程教学的执行者,也要做课程资源的开发者和研究者。

3. 职业观念新定位

"红烛""春蚕"一直以来就是教师的御用比喻。这种比喻诠释了教师的奉献、教师的无私。很多时候这种比喻也成为桎梏教师的一种沉重的枷锁。在崇尚人权的今天,教师要给自己的职业重新定位:教师是教育的执行者和参与者,教育是一项艰辛的事业,需要教师具有一定的牺牲和奉献精神,否则就难有成功的教育。

但教师是普通人,是有生活需求的人,教师也像从事其他工作的人一样,需要养家糊口,也要有尊严地、快乐地活着。新时代,教师该尽心尽职地工作,也该有世俗功利的想法,教师在教育教学中付出了劳动,就该获取相应合理的劳动报酬。

教师也有追求幸福的权利,但教师的职业特点又要求教师在工作中的幸福与常人有别:学生学业的进步、身心健康发展是教师工作的成功;学生在学习中感受到学习的快乐,在生活中感受成长的幸福就是教师工作的幸福。

教师是人,是人就有喜怒哀乐等情绪,但教师面对的是心性未定的学生,所以教师不能将个人的喜怒哀乐肆意地宣泄。为了学生,教师必须保持平和的心态、稳定的情绪,这样才能为学生开启健康与幸福之门。教师工作中的喜怒哀乐是学生给的,但教师不能一股脑儿地推还给学生:教师的"喜"是对学生日渐成长的欣慰,教师的"怒"是恨铁不成钢的心酸,教师的"哀"是学生不听教诲的无奈，教师的"乐"是昔日精心培育的桃李学有所成。

4. 生活形象新定位

在过去很长一段时间里，教师给人的形象是行事古板、色调单一、生活无趣。追求幸福是每个人奋斗的目标和梦想，而一个幸福的人，应以尽职的工作态度安身立命，也要有坦荡宽容的情爱和丰富广泛的兴趣，通俗地说就是"会工作"也得"会玩"。新时代的教师应该努力使自己成为一个幸福的人，这会潜移默化地影响学生。一个没有个人的兴趣爱好、不会"玩"的教师，整天疲于工作，劳苦不堪，愁容满面，那他对学生的说教都是无趣的、空洞的。我爱好运动，加入了骑车、游泳等运动协会或团队。在业余时间里，我经常参加这些运动协会或团队组织的骑行、游泳活动。通过参加这些活动，个人感觉不仅锻炼了身体，还增长了见识，更愉悦了身心，我每天都能以饱满的热情置身工作，以积极的心态解决问题，以阳光的姿态面对学生。

时代在发展，但教师教书育人的职责不变。依本人拙见，因时因势地做好以上角色定位的调整，就会是顺应时代发展的合格教师。

二、教师的专业发展内容

我国多年的教育改革实践证明，教育改革的关键在教师，教育要发展，首先必须是教师得到发展，而教师的发展首要的是专业发展。教师的专业发展包括专业素养发展和专业情感发展。

教师的专业素养是指教师必须具备的与其他专业相区别的专业要求，它能反映教师职业的专业性，体现教师的专业水平和专业技能。随着教师必须专业化这一时代要求不断地在社会上形成共识，教师是专业人员已经得到社会的认可。面对教师专业化的时代趋势，作为专业人员的教师应该具备哪些专业素养呢？我认为教师的专业素养主要包括两项：一是教师的专业知识，二是教师的专业能力或技能。

一直以来，在社会上和教育界一直有一种说法，那就是"要给学生一滴水，教师自己得有一桶水"，这句话反映了人们普遍认为，作为一名教师，他的专业知识的储备必须是很高的。正因为如此，才有了在各个层次的师范院校内，几乎都能找到标有"学高为师、身正为范"的格言。现代的信息社会对教师的专业知识水平提出了更高的要求。一个合格的教师，不但要精通所教学科的专业知识，还必须懂得如何将自己掌握的学科专业知识传授给学生，并使学生理解、掌握这些知识。只有这样，教师的教学才是成功的。据此，教师专业知识应该包括三个方面：①渊博的科学文化知识；②扎实的学科专业知识；③系统的教育学和心理学知识。

教师的责任是为社会培养拥有知识技能和身心健康的人才，因此教师拥有渊博的科学文化知识是学生发展的需要，也是现代教育改革的需要，还是教师自身发展的需要。教师每天面对的是对世界、对未来充满好奇、充满疑惑的学生，教师想要解答他们的疑问，并进一步激发他们的求知欲望，开阔他们的知识视野，就必须博采众长，就必须拥有渊博的科学知识。教师不仅要了解和掌握所教学科的专业知识和理论，还必须通过不断的学习，了解其他学科或领域的知识和理论，以及各个学科和领域知识之间的联系。此外，随着现代信息技术的快速发展，教师更要与时俱进，努力学习新技术、新知识以适应现代教育教学工作。

学科专业知识是教师对任教学科所具备的相关知识，是教师知识体系的主干部分，是教师从事学科教学工作、保证教学质量的前提。在教学活动中，教师拥有扎实、精深的学科专业知识，才有时间和精力去观察学生的课堂行为，并根据学生的行为表现判断学生的学习效果。一般而言，教师的学科专业知识包括两大类：一是学科专业性知识，即各学科中的概念、原理、理论及解释等；二是学科教学知识，即教师在教学过程中，如何将学科知识循序渐进地呈现并传输给学生，使学生比较流畅顺利地了解或掌握教师所传授的学科知识。它包括该学科课程目标与理念、教材结构、教材选择方法、该学科特有的教学法、学生学习该科常见的困难与错误等。除此，就教学而言，学科知识还应关注与学科知识内容有关的人文主义精神、科学态度价值观、历史发展情形、社会背景和文化渊源等方面的知识。总之，教师只有拥有完整、系统、扎实、精深的学科专业知识，才能在教学中让学生获得学科基础知识与基本技能；同时让他们形成正确的价值观和人生观。

作为教师，教学对象是心智未定的学生，所以教育学和心理学知识是教师必须通晓并熟练掌握的。教育学知识范围比较广泛，包括教育基本理论、教学论、教育史、教育社会学、教育管理学、教育法学、比较教育、教育改革与实验、现代教育技术知识、教育科学研究等。心理学知识主要包括心理学基本理论、教育心理学、德育学等。教师只有全面系统地掌握教育学与心理学知识，才能够在正确的教育理念下，选择正确的合适的教育教学内容和方法，才能在教学中对学生进行知识的高效传递和能力的良好培养，最终达到教师和学生共同发展的目的。

教师在教育教学中除了要具备精深扎实的专业知识外，还必须具备一定的专业能力才能开展有效的教育教学，从而促进学生的发展和自身的专业发展。在传统的教育教学观念中，教师的专业能力以语言表达能力、课堂教学组织和管理能力为主。但当今，在教育教学中，国家赋予了教师更多的责任，同时也对教师提出了更高的要求和期望。要想胜任教师这一职业，教师就应该具备更广泛的专业能力。归纳起来，我认为教师的专业能力包括以下六项内容：①传统的语言表达能力；②课堂教学组织和管理能力；③合理有效地运用各种教学方法或教学手段的能力；④教育科研能力；⑤与人交流合作的能力；⑥学习、接受新知识的能力。

教师语言表达能力是教师能力素质的重要内容和有机组成部分。它是教师从事教育、教学、科研工作，向学生传授知识和技能的重要手段和必备条件。教师的语言表达能力是教师的基本功，须通过刻苦的学习和实践才能掌握。教师的课堂教学语言有"五应该"：应该通俗简洁，学生易懂；应该留有空隙，便于学生思考；应该与书面语言一样清晰可辨，便于学生做笔记；应该生动形象，易引起学生兴趣；应该抑扬顿挫，易吸引学生注意力。教师的课堂教学语言有"四忌讳"：忌讳拖泥带水，使学生不得要领；忌讳放连珠炮，让学生无法思考；忌讳过于高亢，使学生精神紧张，头脑发涨；忌讳过于低沉，让学生精神分散，昏昏欲睡。

教师的课堂教学组织和管理能力是一种相当复杂的综合性能力，主要体现为课堂管理能力和班级管理能力。课堂管理能力是指教师在课堂教学过程中，根据教学目标或任务要求，用管理学的知识和技术，遵循一定的原则，采取一定的方法和措施，对课堂教学的环境及各要素进行调控，使教学活动得以顺利进行的能力。这种能力主要包括营造课堂气氛能力、维护课堂秩序能力、教学目标导向能力、激励与强化能力等。班级管理和教学管理是有机统一的，忽视班级管理是不可能取得良好的教学效果的。教师在实施教学管理的过程中要努力使管理本身成为一种教育方式，充分调动班级集体的力量，让学生自愿接受管理，最终达到学生自我管理、自我教育的目的。

教学有法但教无定法。一个合格的教师，必须能够根据不同的教学内容、不同的教学目的、不同的教学对象，灵活地运用合理的教学方法或手段进行相关的教学。正确选择教学方法要求教师掌握必需的教育学和心理学知识，掌握各种教学原则和教学方法，以及各种教学方法的性质、形式、内容、作用及其操作方法，从而在教学实践中有效地选择和运用最佳的教学方法，以达到提高教学质量的目的。

现代的教师不仅是学科知识的传授者，还应该以研究者的心态置身于教育教学情境中，以研究者的眼光去审视教育理论和教育实际中产生的问题，学会按照教育规律来解决教育教学过程中出现的问题，提升自己的教育科研能力。教师通过参与教育科研，使自己向学者型、研究型、专家型的教师方向发展。

教师的工作是培养人，是在人与人之间交流互动的过程中完成的。它包括师生之间、同事之间的合作与交流。教师在工作上要想获得成功，就必须有较强的与人交流合作的能力。和谐良好的人际关系是交流合作的前提，和谐良好的人际关系需要的是真诚相待、平等交往。人与人之间虽然存在这样或那样的差别，但在交往过程中，人和人之间应该是平等和互信的。以乐观、豁达的心态看待人与人之间的差别，用自信和坦诚的心态取得他人的尊重，是人与人进行良好交往的关键。

现代社会，信息技术迅猛发展，知识更新日新月异。作为教师，要想更好地履行教书育人的神圣使命、紧跟时代步伐，就必须要有较强的学习欲望和接受新知识的能力。教师要掌握科学的学习方法，提高学习效果，要树立良好学风，做到学以致用（不仅要向书本学，更要向社会学、向实践学）；要不断汲取新知识和新信息，开阔视野，充实自己，做一个适应时代发展的合格教师。

三、教师的专业发展途径与方法

教师的专业发展是教师不断接受新知识，增长专业技能的过程，是一个教师的职业理想、职业道德、职业情感、社会责任感不断成熟、不断提升、不断创新的过程。教师的专业发展的途径与方法主要有专业学习、教学反思（在前面相关章节已有阐述，在此不再累述）、教学研究等几种。

1. 教师的专业学习

教师的专业学习主要有教师专业的在职再培训、自主学习、同伴互助学习等方式。其中专业的在职再培训由国家的专门机构根据国家的相关规定实施和落实；教师的自主学习在之前已有阐述，在此不再赘述。我在此着重阐述教师的同伴间的互助学习。

在我们国家，几乎每一所中小学校里都有学科教研组这样一个机构，其主要职责就是组织和开展本学科的教研活动，这为教师间互助学习提供了平台和机会。教师同伴间互助学习方式是多种多样的：有听课评课，有经验交流分享，有课题研究等。其中的听课评课是最常见最有效的一种互助学习方式。通过听课评课活动，教师可以观人审己、博采众长、相互促进；现代教育还提倡教师跨学科听课，这样可以开阔视野、启发思维。

在听评课时听什么、看什么呢？

听、看课的结构：课的结构是指课的组成部分及各部分的顺序和时间分配。课型不同，课的结构也不同。例如，教学目标在何时采用何种方式呈现才能最大限度地引起学生的好奇，激发学生的学习动机；如何通过课堂提问使学生有意识地从认知结构中提取相关的旧知识，并激活旧知识；怎样创设教学情境，导入新课的教学；怎样通过简明、准确、生动的语言系统呈现新内容；采用何种方式完成对新内容的巩固；如何设计多种形式的练习，加强知识的应用与迁移等。

看时间安排：一看教学环节时间分配和衔接是否恰当，要看有没有"前松后紧"或"前紧后松"的现象，要看讲与练时间搭配是否合理等；二看教师活动与学生活动时间分配是否与教学目的和要求一致，有没有教师占用时间过多、学生活动时间过少的现象；三看学生个人活动、小组活动和全班活动时间分配是否合理，有没有集体活动过多，学生个人自学、独立思考和独立完成作业时间太少的现象；四看不同层次学生活动时间分配是否合理，有没有优等生占用时间过多、学困生占用时间太少的现象；五看教师在课堂上有没有脱离教学内容、做其他事情和浪费宝贵的课堂教学时间的现象。

听、看教学重点难点的突破：一节课的教学重点是否突出，难点能否突破，是一节课成功与否的标志。听课时就要听教师是怎样纵横联系学生已有知识举例说明，化难为易，突破难点，突出重点的。

听、看板书是否合理：一般来说，板书要详略得当，重点突出，能起到提纲挈领的作用；层次分明、脉络清晰；增强直观效果，同时也有利于引导学生由形象思维向抽象思维过渡。此外，板书还要有便于课堂小结和课后复习等功能。

听、看课堂气氛：课堂气氛是弥漫、充盈于师生之间的一种教育情境氛围。这种氛围如果是和谐融洽、平等民主的，就能激发学生的潜能，使学生树立学习的信心，培养学生的创新能力。一个好的教师能够创设一种愉悦、和谐、充满人文情怀的课堂氛围。在这样的课堂上，师生能够平等对话，完成情感交流；在这样的课堂上，师生能共同创造奇迹，唤醒各自沉睡的潜能；在这样的课堂上，教师的主导作用和学生的主体作用会得到淋漓尽致的发挥。教师是通过何种方式让学生积极参与教学活动的？是以激情感染学生，还是用亲切的语言鼓舞学生？活跃的课堂气氛要避免师生低层次的信息交流过多（看上去挺热闹，其实学生并没有真正或来得及思考）。少点明知故问、目的性差的提问与回答。

听、看课堂细节：课堂细节往往是教师综合素质的自然流露，有经验的教师举手投足间都能体现出优良的教育意图，（一个自然的肢体语言、一个肯定的眼神，往往起到意想不到的效果）。例如，对学习有困难的学生，经验丰富的教师经常用"试试看""还没准备好？"或者"还有没有要补充的""还能不能再完善些"等非常温和且有人情味的言语让这一部分学生积极参与，体现了教师对学生的真心关爱，体现了面向全体、以人为本的真谛。

听、看课堂闪光之点：一节课听完了，哪怕从整体上来看是失败的，只要我们认真去捕捉，至少也会有一两个闪光点。因此，我们在听课时，一定要首先抱着一种虚心学习的态度，要积极调动自己敏锐的眼光，善于发现他人课堂上的每一处闪光点，然后慢慢品味，细细揣摩，再将其拿到自己的课堂上去实践印证，这样久而久之，自然会功力日进。

2. 教学研究

教学研究是基于对教学实践的反思与总结，是教师对在教学实践中出现的实际问题或现象，思考并探索问题或现象产生的原因，分析并总结问题或现象的规律，寻求并实践解决问题的方法的过程。教师的教学研究不同于专业人员的专业研究。教师的首要任务是做好教学工作，教学是教师一切工作的出发点。教学研究既来源于教学又服务于教学，是为提高教学质量，促进学生发展服务的；教师教学研究的问题相对比较微观、具体化。专业人员的专业研究是为解决学术发展过程中所遇到的问题服务的，是为重大理论和实践问题服务的，其目的在于推动该领域的学术发展。这种研究比较宏观、系统。

在现实中，教师关注比较多的是：教师的教学研究有哪些方式？教学研究成果的表现方式有哪些？

教师的教学研究主要有自觉自发的实践研究和任务驱动课题研究。

教师在教学实践中发现问题，及时找出解决问题的办法并付诸实践的过程就是一种自觉自发的实践研究。这种研究是教师几乎每天都在进行的，只是因为它已经成了教师教学的习惯，所以很多时候我们没意识到这就是一种教学研究。比如，在课堂教学中出现课前预设与生成矛盾时，教师要思考产生矛盾的原因，寻求解决矛盾的方法，并在课堂上及时实践。这个过程虽然是在一堂课内或下堂课中完成，时间周期比较短，但它的全部流程就是一个微型的教学研究过程。

任务驱动的课题研究，是教师在教学实践中发现问题，把解决这个问题作为工作目标对其进行全面研究的过程。这种研究需要教师运用科研方法，有目的、有计划地探索分析问题产生的原因及背景，寻找可操作可复制的解决问题的方法。开展课题研究的一般流程如下：第一步，确定研究课题：一般是教师从教学实践发现的问题和现象中提炼出来的，解决的是"研究什么"的问题。第二步，设计研究方案：这是对课题研究的内容、采用的研究方法或手段、研究的步骤、预计的研究成果等进行具体化的设计，解决的是"怎样研究"的问题。第三步，实施研究方案：这是根据研究方案进行具体的操作，解决的是"具体研究"的问题。第四步，总结研究成果：就是将研究成果撰写成论文或报告并进行成果推广。

教师的教学研究成果的表现方式有哪些？

教师的教学研究成果的表现方式比较多。不同学科背景、不同知识结构、不同年龄层次的教师，其教学研究成果表现方式是有差异的。有的教师善于以撰写论文的形式来表现其教学研究成果，有的教师善于以教学日志的形式来记录其教学研究过程，甚至有的教师以论著的形式展示其教学研究心得或成果。教学研究成果不管以何种形式表现，只要是真实的研究成果，能解决教育教学实践中出现的问题，能对实际教育教学有促进作用即可。目前教师的教学研究成果最常见、最普遍的表现形式就是教学论文（因为这曾经也是教师职称晋升的主要凭据之一）。作为教师的教学论文，我个人认为，文章的好与坏不在于词句是否华美，观点是否新、奇、特，而在于是否言之有物，有实例，接地气；不在于篇幅的长短，而在于是否来自教学实践的真情实感，是否有观点且有例证。

参考文献：

[1] 崔允漷 . 有效教学 [M] . 上海：华东师范大学出版社，2009.

[2] 徐世贵，秦辉 . 教研员工作方法与技能 [M] . 长春：吉林大学出版社，2007.

[3] 夏志芳 . 化学课堂教学行为研究案例 [M] . 南昌：江西教育出版社，2009.

[4] 尹逊才 . 教师专业发展的途径与方法 [M] . 北京：九州音像出版公司，2010.

[5] 陈瑶，王艳玲，李玲 . 教学反思途径与方法 [M] . 北京：九州音像出版公司，2010.

[6] 黄军建 . 应对突发事件能力培训教程 [M] . 北京：中国传媒大学出版社，2008.

[7] 冯克诚 . 中学教师课堂教学设计实用手册 [M] . 呼和浩特：内蒙古大学出版社，1999.